Quand la météo fait l'Histoire

Louis Bodin

Quand la météo fait l'Histoire

Albin Michel

À Marine, Tania et Charlotte

Avec le réchauffement de la planète, le climat a fait une entrée fracassante sur la scène politique il y a une vingtaine d'années. Depuis, de sommets internationaux en déclarations publiques, il ne se passe pas un mois sans qu'il fasse la une de l'actualité. Il y a là de quoi réjouir le météorologue que je suis, poussé brutalement de l'anonymat d'une science confidentielle et balbutiante sous les feux des projecteurs. À première vue seulement. Car cette soudaine irruption du réchauffement climatique au cœur de la marche du monde s'est transformée en une véritable obsession. Au point que, désormais, chacun est persuadé de déceler son ombre tentaculaire dans chaque cyclone ou chaque tempête. Il a suffi d'écouter les commentaires des uns et des autres après le récent typhon Pam, qui a ravagé le Vanuatu en mars 2015, pour s'en convaincre. Tout est bon, malgré les appels à la prudence de nombreux scientifiques, pour mettre en cause le réchauffement de la planète. Et oublier quelques vérités premières qu'il est bon parfois de rappeler.

Or, si une chose est certaine, c'est bien que les cyclones n'ont pas attendu le réchauffement pour se manifester. Les témoignages de la violence des phénomènes climatiques remontent à la nuit des temps. Les récits mythologiques du déluge sont répandus dans de nombreuses cultures antiques et attestent de la furie de la nature en ces temps lointains. Non, l'histoire du climat n'est pas née avec le sommet de la Terre de Rio en 1992, ni avec le réchauffement climatique au début des années 1950. C'est une très, très vieille histoire. Elle a commencé il y a quelque 4,5 milliards d'années avec la formation de notre planète, bien avant que l'homme n'apparaisse à la surface du globe. À force d'avoir les yeux rivés sur le thermomètre et le niveau des océans, nous avons tendance à l'oublier, mais c'est bien le climat, entre autres, qui a permis l'évolution de la vie et cette diversité biologique des écosystèmes que nous connaissons aujourd'hui. Il fait partie intégrante de l'histoire de notre planète et de celle de l'humanité. Pour le pire comme pour le meilleur.

Même en France, qui jouit d'un temps plutôt clément au regard des cyclones qui peuvent ravager certains littoraux éloignés, le climat a imprimé sa marque. Tout au long des siècles, petits et grands désordres météorologiques ont changé le cours de l'Histoire. Des pluies ont fait basculer l'issue de batailles, des saisons trop humides ou trop sèches ont précipité l'explosion des colères révolutionnaires, des inondations ou des canicules ont eu des conséquences sociales et politiques imprévues... C'est à ce voyage historique que je vous invite. À travers ce parcours, je souhaite vous faire partager ma vision du climat : celle d'un acteur incontournable, certes parfois hostile, de notre Histoire. Comme nous, nos ancêtres ont été confrontés aux sautes d'humeur du temps. Et pourtant, il n'était pas question de réchauffement climatique à l'époque. C'est un fait : le temps n'a jamais eu la régularité d'un coucou suisse. Sinon, le métier de météorologue serait d'un ennui prodigieux !

Alors attention aux mots que nous employons ! Quand des commentateurs évoquent un dérèglement climatique en parlant du réchauffement actuel, ils induisent dans l'esprit des gens que le climat est un moteur merveilleusement réglé, incapable d'à-coups soudains, incapable de s'enrayer. Ce n'est pas le cas. Le climat est par définition instable, sujet à des crises passagères et violentes, à des changements brutaux, ainsi qu'à des évolutions graduelles et lentes qui peuvent s'étendre sur plusieurs siècles ou millions d'années. Tous ces phénomènes, très divers à l'échelle du temps et de l'espace, ont en commun leur caractère spectaculaire. Nous pourrions remonter très loin dans l'Histoire pour évoquer les conséquences des changements et des événements météorologiques.

Dans la plupart des extinctions massives d'espèces qui ont marqué la longue histoire de la planète, les scientifiques croient déceler l'influence du climat. Ces cataclysmes nous semblent appartenir à des temps anciens et révolus. Mais rien ne dit que la Terre et l'homme ne seront pas confrontés d'une façon ou d'une autre à de nouveaux phénomènes de grande ampleur aux conséquences imprévisibles. Le réchauffement climatique auquel nous faisons face, qu'il soit d'origine humaine ou non, n'est qu'un épisode de cette histoire mouvementée de la cohabitation entre l'homme et la planète.

Ce réchauffement nous apparaît d'autant plus spectaculaire que, pour la première fois, la science est en mesure d'en suivre l'évolution en direct. La météorologie est une discipline jeune. Elle était encore dans les limbes au lendemain de la Seconde Guerre mondiale, quand commençait le mouvement de hausse des températures. Elle a accompli des progrès époustouflants au cours des dernières décennies, en grande partie grâce à la technologie. Les satellites d'observation, comme les calculateurs de plus en plus puissants, sont des outils précieux pour mesurer et appréhender les phénomènes. Grâce à eux, nous sommes informés quasiment en temps réel du moindre risque d'épisode violent, comme le prouve la multiplication des alertes orages et canicule. Cela ne signifie pas pour autant que ces événements sont plus nombreux, ni que nous sommes capables de tout prévoir. Nous sommes certes aptes à mieux décrypter certains phénomènes, mais il nous faut aussi reconnaître que notre connaissance du passé comme du futur est encore limitée. Elle tient parfois à de simples hypothèses, même solidement étayées.

Il nous reste encore beaucoup à faire tant le climat est une machine complexe, influencée par de multiples facteurs, qui échappe légitimement à notre entendement. Cette complexité exige de se garder de toute polémique inutile ou d'affirmations par trop péremptoires. Au contraire, elle doit nous encourager à rester humbles et à poursuivre l'effort de recherche, dans un souci de transparence et de confrontation scientifique des résultats obtenus. Nous devons continuer à accumuler des mesures et des informations pour étendre notre compréhension du climat et constituer des banques de données qui seront essentielles aux générations futures. C'est notre force aujourd'hui de pouvoir disposer de mesures fiables et régulières. Quand nous plongeons dans le passé, nous sommes souvent confrontés à cette absence de données scientifiques. Nous ne connaissons le temps qu'il faisait qu'à travers des bribes de témoignages, forcément subjectifs, qui ont tôt fait de qualifier d'historique un événement climatique un peu exceptionnel.

Paradoxalement, malgré les progrès scientifiques, cette dérive est présente. Dans notre société du spectacle, médiatique et mondialisée, tout cyclone, toute canicule fait immédiatement le tour de la planète et devient une mise en scène de la hausse des températures. Le réchauffement climatique attire sur lui toute la lumière, au risque de bien des amalgames et, ce qui me paraît plus grave, d'occulter les nombreux autres défis auxquels l'humanité doit faire face : la croissance démographique, la pollution de l'air et des écosystèmes, l'expansion urbaine, la diminution des réserves de matières premières, sans parler de l'apparition de nouveaux virus ou de la lutte contre la pauvreté, qui sont des enjeux d'avenir qui méritent autant l'attention et la mobilisation de chacun. Le climat n'est pas responsable de tous nos maux. La réduction des gaz à effet de serre, poussés au premier rang sur le banc des accusés, permettra peut-être de limiter la hausse des températures, mais elle ne changera pas fondamentalement les conditions de vie sur la Terre d'un coup de baguette magique.

PARTIE I

LES GRANDES BATAILLES

1415 – Azincourt
Dans la boue, les Anglais sont toujours vainqueurs

En pleine guerre de Cent Ans, la chevalerie française subit une défaite cuisante. Le sol est détrempé par des pluies incessantes. Une aubaine pour le roi anglais Henri V.

En préparant mon bulletin météo ce matin-là, j'écoute d'une oreille distraite Francis Cabrel. Il est l'invité de la station pour la sortie de son dernier album. Son accent méridional et chantant semble annoncer le retour de l'été avant l'heure. Et soudain, sa voix s'élève, déchirante comme la complainte d'un troubadour :

« Azincourt, Azincourt,
Partout des papillons,
Insectes pris de court dans l'affreux tourbillon
Des flèches taillées pour traverser les poumons
Des chevaux de concours trop lourds pour la saison
Chevaliers de la cour finis à bout portant
Et leurs chevaux trop lourds dans la boue jusqu'au flanc… »

Azincourt : à l'évocation de ce nom chargé d'histoire, les souvenirs d'enfance oubliés ressurgissent, le crissement de la craie sur le tableau noir, les dates de l'histoire de France que l'on égrenait sous le regard sévère et paternel de l'instituteur. Azincourt, 1415 : du plus profond de ma mémoire jaillissent les images de la bataille qui a recouvert de boue et de déshonneur l'orgueilleuse chevalerie française. C'est, à ma connaissance, l'un des premiers épisodes de l'histoire de France où l'influence de la météo est véritablement attestée dans les chroniques. Elle fait basculer l'issue de la bataille d'Azincourt, au détriment des troupes françaises. Pour le plus grand bonheur de l'armée anglaise. Cela ne veut pas dire que le climat n'a pas infléchi le cours d'événements plus anciens, mais nous l'ignorons en l'absence de sources historiques ou d'intérêt des chroniqueurs pour décrire les humeurs du temps.

Plongeons-nous dans le climat de l'époque. En ce temps-là, la guerre de Cent Ans fait rage entre les royaumes de France et d'Angleterre. Ce n'est pas un conflit armé comme on l'entend aujourd'hui. Les combats sont sporadiques. De temps à autre, l'Anglais traverse la Manche. À bride abattue, les troupes mènent des razzias à travers les provinces de France, laissant derrière elles des campagnes dévastées. Cela fait près d'un siècle que cela dure. Entre négociations et entrevues, trêves impromptues et fragiles traités de paix, le rythme du conflit est chaotique. Son issue incertaine. L'avantage bascule d'un camp à l'autre, au gré des campagnes militaires. Depuis quelque temps, la guerre est même passée au second plan. Les deux belligérants ont d'autres soucis. Une atmosphère d'instabilité règne de part et d'autre de la Manche. En Angleterre, les Lancastre et les Plantagenêt rivalisent de rouerie et d'habileté pour s'asseoir sur le trône. En France, le roi Charles VI le Bien-Aimé, atteint de folie et incapable de gouverner, a laissé s'installer un climat délétère de guerre civile entre le parti des Armagnacs et celui, rival, des Bourguignons.

Cette drôle de paix ne pouvait durer. Déjà, l'orage gronde. En Angleterre, Henri V a restauré la concorde intérieure. Il a désormais les mains libres pour faire valoir ses droits à la couronne de France. Après l'échec prévisible des négociations, tant il fait assaut de prétentions, le jeune souverain reçoit l'autorisation de son Grand Conseil de débarquer en Normandie. L'ordre est donné de prendre les armes. Quelque 700 navires anglais, dont les coques sont décorées de figures d'animaux et des armoiries royales, larguent les amarres et franchissent la Manche au mois d'août 1415. Leur objectif est clair : la cité d'Harfleur, fortifiée par les Français pour protéger l'estuaire de la Seine. C'est un verrou stratégique. Une position idéale pour se lancer à la conquête de la Normandie ou remonter le fleuve jusque Rouen, voire Paris. Non sans résister, la forteresse tombe aux mains des Anglais à l'issue d'un mois de siège. Henri V n'a pas les moyens de pousser plus loin son avantage. L'hiver approche et la prise d'Harfleur a épuisé ses troupes. Pour les deux camps ennemis, il va falloir composer avec les rigueurs de la saison.

Au pied de la ville, la tempête a dispersé une bonne partie de la flotte anglaise. Pour regagner son royaume, Henri V n'a d'autre solution que de rejoindre l'enclave de Calais, que les Anglais occupent depuis une soixantaine d'années. De là, il pourra rembarquer. Pour les 9 000 hommes qui l'accompagnent, c'est l'affaire d'une semaine de marche à travers les plaines de Normandie et de Picardie. Mais l'expédition tourne rapidement au cauchemar. La dysenterie fait des ravages dans les rangs, obligeant à enterrer les cadavres le long des chemins. Le mauvais temps, qui n'a rien de surprenant en ce début d'automne, pas plus aujourd'hui qu'il y a six siècles, entrave la progression et affaiblit un peu plus les organismes fourbus. Et, pour ne rien arranger, les Français ont sorti précipitamment l'oriflamme rouge de la basilique de Saint-Denis. C'est l'appel au combat. Tous les grands du royaume, ducs et princes en tête, se rassemblent sous l'étendard rouge et jaune. Sous le commandement du connétable Charles d'Albret et du maréchal Boucicaut, qui a acquis une grande réputation dans les tournois de chevalerie, l'armée royale se met en marche pour laver l'affront d'Harfleur et bouter l'Anglais hors de France, si possible avec l'aide du ciel et des cieux.

Impuissantes et fatiguées, tiraillées par la faim et minées par la maladie, les troupes d'Henri V voient le piège se refermer peu à peu. Le long de la Somme, elles errent sous la pluie plusieurs jours à la recherche d'un passage. Les Français ont pris les devants. Les ponts sont gardés ou détruits, les gués obstrués pour empêcher toute traversée. Le temps les presse, celui qui s'écoule comme celui qui sévit. Conscient de l'état d'extrême épuisement de ses troupes, le souverain anglais craint la confrontation et veut, par tous les moyens, l'éviter. Il n'a plus qu'une obsession : regagner au plus vite Calais, où il pourra se mettre à l'abri. Mais l'armée française, accrochée à ses basques, ne lui laisse aucun répit et suit chacun de ses mouvements. Pourchassées et harcelées, les troupes anglaises sont contraintes, sous une pluie incessante, de s'enfoncer toujours plus loin dans les terres françaises. À chaque pas, Calais s'éloigne un peu plus. La situation est critique.

Plus en amont, à mesure que le fleuve s'étrécit, les points de passage deviennent plus nombreux et plus compliqués à surveiller. L'armée française doit disperser ses forces le long du rivage. Henri V en profite. Un pont, en partie détruit, est réparé à l'aide de fagots, de ballots de paille et de planches. Les soldats anglais utilisent tout ce qui leur tombe sous la main. Certains chroniqueurs rapportent que des maisons avoisinantes sont démolies sans ménagement pour récupérer du bois. Alertées, les patrouilles françaises arrivent trop tard. Les archers ennemis ont déjà franchi le fleuve et installé une solide tête de pont sur la rive opposée. Ce n'est que partie remise. La poursuite infernale reprend aussitôt. La route de Calais est encore longue. Et le temps du combat viendra bien assez tôt.

L'occasion se présente quelques jours plus tard. Dans la vallée de la Ternoise, les armées anglaises sentent le souffle des chevaliers français. La trappe de la souricière tombe ; l'affrontement est inévitable. Henri V dirige ses troupes sur un promontoire qui domine la plaine. Pour la première fois, cette « bande de frères », comme les a surnommés Shakespeare dans *Henri V*, liés par les campagnes menées en commun, prend soudain conscience du défi qui l'attend. À l'horizon, surgit une mer grouillante de casques et de lances, aussi menaçante que le ciel. La supériorité française saute aux yeux, même si elle est certainement moins impressionnante que les glorieux récits passés l'ont laissé accroire pour conférer plus de prestige à la victoire anglaise. Au fil des siècles, Azincourt est ainsi devenue dans la mythologie britannique un remake médiéval du légendaire combat de David contre Goliath. Au point que, pendant la Seconde Guerre mondiale, Churchill demande à la vedette du cinéma britannique Laurence Olivier d'adapter sur grand écran le *Henri V* de Shakespeare. Le film aux forts accents patriotiques doit regonfler le moral des Anglais en vue du débarquement en Normandie, cette fameuse opération Overlord où la météo jouera encore un rôle crucial.

En cette veille du 25 octobre 1415, qui va devenir si célèbre pour les Anglais, l'obscurité tombe sur la plaine battue par la pluie. Les deux armées décident de repousser le combat au lendemain et établissent un campement sommaire à l'approche du soir. Toute la nuit, des trombes d'eau s'abattent sur les deux camps. Pour les archers gallois, qui ont conquis leur réputation de corps d'élite à la bataille de Crécy un demi-siècle plus tôt en battant l'ennemi à plate couture, l'humidité est une ennemie pernicieuse et redoutable. Elle est susceptible d'altérer la tension des cordes de leurs longs arcs. Les abris sont rares. Alors, ils protègent tant bien que mal sous leurs vêtements leurs armes de précision, capables de décocher des volées de flèches avec une telle puissance qu'elles peuvent transpercer les armures. Au petit matin de la fête des saints Crépin et Crépinien, l'attente se prolonge dans les rangs tandis qu'Henri V dépêche des émissaires pour tenter une ultime négociation. Les pourparlers tournent court mais, profitant de ce répit, les archers anglais se mettent en place ; ils plantent des rangées de pieux acérés pour protéger leurs positions des assauts de la chevalerie française.

La matinée est déjà bien avancée. Le combat peut commencer. Les deux armées se mettent en ordre de bataille. Elles se font face. La lutte sera brève et sanglante. Les premières heures, les ennemis se jaugent sans ouvrir les hostilités. Puis, par une série de mouvements tactiques diablement efficaces, Henri V provoque la chevalerie française. Son plan est parfait. Il fonctionne comme une mécanique de précision. Malgré les admonestations du maréchal Boucicaut, les illustres chevaliers français n'ont, semble-t-il, retenu aucune leçon des défaites passées, subies par leurs aînés à Crécy et à Poitiers. Au mépris de toute intelligence stratégique, ils se jettent tête baissée dans la bataille, sans qu'on sache si c'est là l'expression d'une arrogante et stupide intrépidité ou le signe d'une défaillance du commandement. Toujours est-il qu'ils chargent là où Henri V les attend, à l'endroit le plus étroit du champ de bataille entre deux bois, à distance de tir des archers gallois positionnés sur les flancs de l'armée anglaise. À peine le combat a-t-il commencé que déjà leur sort funeste est écrit.

La pluie a cessé, mais la charge frontale de la chevalerie française est freinée par le terrain gorgé d'eau. Depuis des jours, les averses d'automne qui tombent sans interruption sur l'Artois ont transformé le champ de bataille en un bourbier infect. Sur cet espace trop étroit pour manœuvrer, les chevaux lourdement chargés s'engluent dans le sol fangeux qui colle comme glaise aux sabots. Enlisés, hommes et bêtes sont incapables de se mouvoir à leur guise. L'Anglais profite de la situation ; le Français est une proie immobile et facile. Une pluie de flèches meurtrières s'abat sur les flancs des bêtes et les épaules des combattants. La cadence infernale des archers anglais, capables de tirer dix traits à la minute, n'offre aucun répit. De la boue jusqu'aux genoux, rares sont ceux qui parviennent à atteindre les premières lignes anglaises, et ils sont trop épuisés pour combattre. Ils sont taillés en pièces et découpés comme du mouton. Selon une légende tenace en Angleterre, les archers anglais auraient alors fait le V de la victoire pour narguer les chevaliers français qui avaient menacé de leur couper deux doigts de la main lorsqu'ils les captureraient.

C'est la débandade dans les rangs français. Les chevaux glissent et tombent à terre. Engoncés dans leur armure, les hommes n'ont pas le temps de se relever que d'autres corps les recouvrent et ils se noient dans la boue. Affolés et effrayés, les chevaux rendus furieux ne savent plus où donner de la tête. Ils ruent dans les rangs, renversent les hommes et piétinent les corps. Ce n'est plus une bataille, c'est une mêlée inextricable. Les

Français n'ont pas le loisir de se replier pour se réorganiser. Beaucoup plus agiles, les archers anglais sont déjà là. Abandonnant leurs arcs, ils accourent de tous côtés, l'arme au poing, vers cet amas de chairs et de boue. Haches, cognées, lourdes épées et massues plombées s'abattent à grands coups sur les corps à terre. Les lames glissent dans les interstices des armures, taillant les cous, transperçant les yeux et cisaillant les aisselles. Les mains étranglent et les coups tombent jusqu'à ce que mort s'ensuive. C'est un carnage. La boue du champ de bataille se colore de sang. Dans un sursaut de désespoir, quelques chevaliers français tentent une dernière action d'éclat pour prendre Henri V à revers. Elle ne fait qu'aggraver le bilan des pertes humaines car, pris de panique, le souverain anglais ordonne aussitôt l'exécution de tous les prisonniers. Les soldats les égorgent ou leur fracassent le crâne à coups de hache.

À la fin de la journée, ce 25 octobre 1415, la victoire anglaise est totale. Pour les Français et leur idéal de guerre chevaleresque, Azincourt est une humiliation. La fine fleur de la chevalerie, pour laquelle la guerre est avant tout l'occasion de prouver sa bravoure et de se couvrir de gloire, est décimée. Le connétable Charles d'Albret, les ducs d'Alençon et de Bar, les frères du duc de Bourgogne Jean Sans Peur, Antoine et Philippe de Bourgogne, ont péri dans la bataille. Le chambellan du roi de France, Beaugeois, meurt des suites de ses blessures quelques jours plus tard. Le duc Charles d'Orléans, neveu du roi Charles VI, le duc de Bourbon et le comte de Vendôme, tous deux descendants de Saint Louis, le comte d'Eu, descendant de Louis VIII, et le maréchal Boucicaut sont faits prisonniers et conduits en captivité en Angleterre. Le royaume de France est fortement affaibli. Henri V regagne Londres avec la certitude qu'il reviendra à la tête d'une armée plus puissante et que, cette fois, la conquête le portera sur le trône de France.

Selon les historiens spécialisés, ce succès anglais d'Azincourt doit certainement autant au sens tactique d'Henri V qu'à la désorganisation du commandement français. Mais il est aussi indéniable que les conditions météorologiques servirent grandement le roi anglais, bien plus que Shakespeare ne le laisse entendre dans sa pièce. Bien sûr, elles sont ignorées dans les réflexions stratégiques. À l'époque, les thermomètres n'existent pas. Alors pensez donc, qu'il pleuve ou qu'il vente, on ne saurait arrêter une bataille pour si peu ! Le temps joue pourtant un rôle indiscutable : il modifie profondément les conditions et le déroulement de l'affrontement. On pourrait croire que cette boue d'Azincourt est une calamité moyenâgeuse, qui appartient aux livres d'histoire et aux périodes de guerres. Mais ce n'est forcément pas le cas. Nous avons eu ces dernières années plusieurs saisons particulièrement pluvieuses. La boue couvrait les campagnes. Et pour les paysans, c'était un vrai combat de travailler dans ces conditions.

Un de mes amis, agriculteur dans le Centre de la France, en conserve d'ailleurs un souvenir cuisant, comme il me l'a raconté. Un jour où les sols étaient gorgés d'eau, s'impatientant pour sa récolte, le voilà qui s'en va par les champs avec sa moissonneuse-batteuse. Et qu'arrive-t-il ? Il s'embourbe « aussi sec ». Impossible de bouger, il faut aller sonner le rappel des tracteurs pour le tirer de cette fâcheuse posture. Ce n'est qu'une anecdote, mais elle nous montre qu'à l'heure d'Internet et de la mondialisation, l'activité agricole reste très dépendante des conditions météorologiques. Quelques centimètres de boue suffisent à altérer le travail aux champs. C'est aussi le cas sur les chantiers de génie civil. Qui en a encore conscience ? Dans les villes, je crains que nous l'ayons oublié. Nous vivons dans un univers aseptisé, où la pluie est devenue un élément de décor. J'en fais la remarque à cet ami. « Tu ne crois pas si bien dire, me confie-t-il. Sais-tu qu'un gendarme zélé a voulu sanctionner un éleveur parce qu'il avait laissé ses vaches sous la pluie ? » J'étais interloqué. « Il pleuvait à torrents depuis plusieurs jours, poursuit-il. Et voyant des vaches patauger dans la boue, ce brave gendarme s'est soudain mis en tête de verbaliser l'éleveur pour maltraitance. Ça a fait un sacré foin, je peux te le dire ! »

La fameuse « gadoue » est-elle pour autant une calamité ? Je me garderais bien de trancher. Avec la météo, tout est une question de sensibilité. À Azincourt, la boue est un fléau pour les Français. Mais, pour le camp anglais, c'est une bénédiction. Outre-Manche, le souvenir d'Azincourt reste d'ailleurs intimement associé à cette pluie qui a rendu l'étroit champ de bataille impraticable. Le ciel l'a d'ailleurs rappelé en 1915 lors du 500e anniversaire de l'affrontement. Au cœur des combats de la Première Guerre mondiale où la boue fut une compagne fidèle des soldats dans les tranchées, des régiments français et britanniques, qui stationnent non loin de là, souhaitent commémorer ensemble les morts de la bataille. Au cours de la guerre qui ravage l'Europe en ce début de XXe siècle, c'est un symbole fort de fraternité et de concorde entre les deux anciens ennemis. Mais une nouvelle fois la pluie s'en mêle. Le 25 octobre 1915, les averses se succèdent. La cérémonie doit être reportée. Elle aura lieu le lendemain.

Cet automne, la pluie s'invitera-t-elle pour le 600e anniversaire de la bataille d'Azincourt ? Ce clin d'œil du ciel à l'Histoire ne serait pas pour déplaire à certains Britanniques, si j'en crois la tribune publiée par l'un des rédacteurs en chef du *Financial Times.* Avec cet humour anglais qui n'a pas son pareil et que j'apprécie tant, il appelle à célébrer avec faste Azincourt. Non seulement parce que battre les Français est l'occupation historique préférée des Anglais, mais surtout parce que la victoire a été obtenue dans un style tout britannique, en faisant manger la boue à l'ennemi. « Malheureusement, écrit-il, la maîtrise anglaise de la boue a décliné. » Son raisonnement est imparable : « La Grande-Bretagne a également perdu sa domination sur le football, notre plus grande contribution au monde, lorsque nous avons bêtement autorisé ce jeu à quitter les champs marécageux de l'hiver nord-européen pour lesquels ce sport avait été inventé. » Ce trait d'esprit en dit plus long que bien des discours scientifiques sur la façon dont les conditions climatiques imprègnent l'âme d'un peuple.

Et pour ce qui est de nos relations avec la « perfide Albion », nous savons aussi faire preuve d'humour. Comme en témoigne ce succès de 1965 composé par un Français (Serge Gainsbourg) et chanté par deux Anglaises (Petula Clark et Jane Birkin) : « *Du mois de septembre au mois d'août / Faudrait des bottes de caoutchouc / Pour patauger dans la gadoue…* »

1812 – La retraite de Russie
Sous un immense linceul blanc

Arrivée en conquérante, la Grande Armée quitte la Russie épuisée. La barbarie de l'hiver décime les rangs. Ceux qui échappent à cet enfer ne sont qu'une poignée. Une troupe de morts-vivants couverts de lambeaux et de vermines.

Il y a quelques années, ce devait être au début des années 2000, en regardant les informations à la télévision, quelle n'est pas ma stupéfaction ! Sur un chantier de construction, les bulldozers viennent de mettre au jour, dans la banlieue de Vilnius, en Lituanie, un charnier où sont entassés plusieurs centaines de corps. Les lambeaux d'uniformes, les morceaux de bottes et de guêtres sont leurs seuls papiers d'identité. Il n'y a pas de doute, expliquent les historiens : ce sont des soldats de la Grande Armée napoléonienne, les dernières victimes de la si terrible retraite de Russie. Au bout de près de cinquante jours de marche sous le froid glacial et la neige, échappés de l'enfer russe, ces hommes sont arrivés à Vilnius depuis Moscou, exténués, malades, incapables de poursuivre.

Ces soldats n'ont plus rien à voir avec la fière armée qui, quelques mois plus tôt, faisait trembler toute l'Europe. Ce n'est plus qu'une troupe effrayante de morts-vivants en haillons, une meute de chiens errants efflanqués et pouilleux, une clique de fous furieux et affamés qui jette l'épouvante sur son passage. Effrayés par ces fantômes venus du fond des âges, les habitants de la cité lituanienne se barricadent chez eux. Ne trouvant ni abri ni nourriture, mais uniquement des portes closes pour tout secours, nombre d'entre eux tombent en arrivant dans les rues de la ville, tandis que les autres se pressent dans les hôpitaux et les couvents qui débordent de blessés et de malades, ou s'entassent sur les planchers des auberges. Quand les Russes arrivent en décembre 1812 dans Vilnius, la mort est partout. Des monceaux de cadavres sont amassés dans la cité. C'est la dernière sépulture de la Grande Armée.

Comment en est-on arrivé là ? Comment Napoléon Ier, dont les historiens vantent si facilement les immenses qualités de stratège, a-t-il pu se laisser piéger comme un bleu par l'hiver russe ? C'est une question qui me hante et dont je ne suis pas sûr que nous ayons encore aujourd'hui une réponse définitive. Bonaparte ne pouvait ignorer les rigueurs de l'hiver russe. D'autant que, tout au long du XVIIIe siècle, de nombreux récits de voyageurs français en Russie ont été publiés. La plupart évoquent les conditions climatiques épouvantables. Dans son guide de voyage, le comte Fortia de Piles écrit que « les étrangers doivent user de grandes précautions contre le froid ». Dans l'*Encyclopédie*, Diderot, qui y a séjourné, ajoute : « L'air de la plus grande partie de la Russie est extrêmement froid, les neiges et les glaces y règnent la meilleure partie de l'année ; le grain qu'on y sème n'y mûrit jamais bien. »

Et puis, une chose est certaine : en arrivant à Moscou, l'Empereur était prévenu, les Russes ne lui feraient aucun cadeau. Alexandre Ier n'en faisait pas mystère. Un an plus tôt, recevant une mission diplomatique française, le tsar avait dévoilé ses intentions : « Si l'empereur Napoléon me fait la guerre, il est possible, même probable, qu'il nous battra si nous acceptons le combat, mais cela ne lui donnera pas la paix. [...] Le Français est brave, mais de longues privations et un mauvais climat l'ennuient et le découragent. Notre climat, notre hiver feront la guerre pour nous. » Tout est dit. Annoncé. Les Russes connaissent le pouvoir dévastateur du général Hiver. Ils lui font confiance pour battre Bonaparte. C'est un pari audacieux. Mais ce fut diablement efficace et cruel, comme le montra la suite des événements.

La prophétie du tsar n'était en effet pas vaine. Depuis qu'elle a pénétré l'immense territoire russe en juin 1812, la Grande Armée, forte de ses 600 000 hommes, l'apprend chaque jour à ses dépens. Dans l'attente de l'hiver, l'armée la plus massive jamais rassemblée en Europe est confrontée à une guerre d'usure. La tactique défie les stratégies de l'époque et épuise les troupes. Les Russes pratiquent la politique de la terre brûlée, livrent des combats sporadiques brefs et sanglants, mais refusent, au désespoir de l'Empereur, d'engager la bataille décisive. Comme à son habitude, sans se soucier de la menace climatique, Napoléon est entré mi-septembre dans Moscou, déserte et silencieuse, mais la victoire se refuse toujours à lui. C'est un succès en trompe-l'œil. Et un piège qui se referme.

Dans la ville, déjà, profitant de l'obscurité des rues, des mains vengeresses, armées de torches, se tendent. Un feu, puis deux, puis trois… C'est l'incendie ! Tous les quartiers, églises, ponts, palais et maisons s'embrasent. Les obus jetés dans les poêles explosent. Les bombes incendiaires déclenchent de nouveaux foyers. La ville n'est plus qu'un immense brasier. Dans la précipitation, les soldats français se mettent en quête de pompes à eau. Pas une n'est trouvée. Toutes ont été évacuées à l'approche des Français. C'est un coup monté, une terrifiante entreprise d'autodestruction imaginée et ordonnée, dans le plus grand secret, par le gouverneur de Moscou.

Échappé du Kremlin en proie aux flammes, entre deux murailles de feu, Napoléon est sidéré. Après plusieurs jours, une pluie providentielle met un terme au sinistre. L'Empereur n'a encore rien vu. Ce n'est qu'un avertissement, qui devrait pourtant l'alerter. L'hiver russe n'a pas commencé. Aussi, dans la ville en cendres, livrée au pillage et à la débauche, il se berce d'orgueilleuses illusions. Autour de lui, certains officiers de son état-major discernent, dans le sacrifice de leur capitale, la détermination des Russes, mais Bonaparte n'y entrevoit qu'un aveu de faiblesse. Les jours s'égrènent dans l'expectative. L'hiver approche ; l'armée russe se renforce ; le tsar reste sourd aux propositions de paix ; Napoléon sent inéluctablement les événements et l'adversaire lui échapper. Il tergiverse. Il ne peut se résoudre à quitter la ville ; ce serait une défaite politique, à défaut d'être un revers militaire.

Le compte à rebours de l'hiver a commencé. Cependant l'automne clément incite à ignorer les grands froids qui approchent. Tous les jours, sous un soleil rassurant, l'Empereur se promène à cheval, prenant un malin plaisir à railler les augures. L'insouciance est un puissant enchantement. Une drogue. « Toutes les rigueurs de l'hiver n'arrivent pas en vingt-quatre heures. Nous n'avons pas encore eu l'automne ; nous aurons encore beaucoup de beaux jours avant l'hiver », se persuade-t-il. Mais cette humeur bravache cache un mal plus profond : l'imprévoyance ! Aucune précaution n'est prise en prévision de l'hiver qui frappe déjà aux vitres du Kremlin : ni peaux de mouton ni gants fourrés pour la troupe, pas de fers à crampons pour les chevaux. Quand les premières neiges tombent, l'Empereur n'a toujours rien décidé. Établir ses quartiers d'hiver à Moscou ? Partir à la conquête de Saint-Pétersbourg, où s'est réfugié le tsar ? Rentrer à Paris où son absence prolongée lui fait craindre l'agitation ? Napoléon hésite.

Soudain, le 19 octobre, l'indécision prend fin. C'est le départ dans la précipitation. Mais n'est-il pas trop tard ? L'hiver russe n'a-t-il pas déjà tissé sa funeste toile ? D'autant que la Grande Armée a pâle figure. Elle n'est que l'ombre de l'impressionnante masse qui franchissait le fleuve Niemen quatre mois plus tôt. Derrière les soldats de la Garde, c'est un défilé de carnaval, un cortège de fête foraine. Dans un désordre effrayant, se presse une foule de soldats au moral en berne, la mine épuisée, les chaussures trouées avant même d'avoir fait le premier pas. Leurs uniformes usés disparaissent sous les tenues bigarrées, chapardées dans les échoppes abandonnées. Puis, vient une confusion infinie de calèches et de voitures tirées par des chevaux nains, ou de chariots de ferme, tous surchargés du butin des pillages. Un tumulte de traînards et de blessés, d'hommes et de femmes sans armes de toutes les nations, comme aimantés par la marche de la troupe, les accompagne. Abrutis ou illuminés, sans craindre les milliers de kilomètres à parcourir, ni l'hiver qui approche, les uns poussent des brouettes pleines de tout ce qu'ils ont pu emporter, les autres traînent des bibliothèques entières d'ouvrages dorés sur tranche. Ainsi débute, dans le tohu-bohu et l'extravagance, un interminable calvaire.

Empruntant en sens inverse la route parcourue lors de leur marche vers Moscou, les soldats traversent les champs des batailles livrées quelques semaines plus tôt. La terre est couverte de débris de casques et de cuirasses, de lambeaux d'uniformes tachés de sang et de milliers de cadavres dénudés à demi dévorés. L'Empereur, pressentant la force prémonitoire de cette scène, passe sans un regard sur le charnier. Les prophéties du tsar ne sont plus une sombre et vaine prédiction. Novembre s'annonce. Avec lui, viennent de concert le froid, la faim et la maladie. Ils frappent de tous côtés la Grande Armée et sa cohorte hétéroclite. Les coups pleuvent. Harcelée par l'ennemi, égarée dans l'infini de la plaine russe, inquiète et harassée, l'immense colonne vacille. Comme une bête blessée qui marque sa frayée des taches de son sang, elle jonche la terre d'inutiles candélabres et tableaux arrachés aux appartements et aux caves moscovites, de chariots brisés et de chevaux à bout de force. Puis, ce sont des cadavres et des agonisants, sur lesquels la neige étend son linceul blanc. Jour après jour, rien n'arrête l'hémorragie. Petit à petit, inéluctablement, le froid se fait plus vif et poursuit ce jeu de massacre. Et, comme tout chemin de croix, cette inexorable agonie a ses tableaux poignants, rapportés avec éloquence par les chroniqueurs de l'époque.

Tableau n° 1 : chacun pour soi et Dieu pour tous.

Entassés pêle-mêle sur les voitures, placés sur les capotes des fourgons, les blessés sont brinquebalés comme des fétus de paille. De temps à autre, une brutale secousse, un dos-d'âne rugueux, fait tomber à terre un corps. Personne n'y prête attention. Les chevaux piétinent l'infortuné, les voitures lui passent dessus sans même ralentir. Des conducteurs avides, plus attachés à sauver leur illusoire butin, déchargent leur encombrante cargaison de souffrants sur les bords du chemin. Leurs cris de désespoir n'éveillent aucune compassion. Même les chirurgiens et les médecins sont sourds à leurs plaintes. Sans médicaments pour les malades, sans pain pour eux-mêmes, ils détournent la tête. La fraternité des armes s'en va en haillons. L'instinct de conservation étouffe toute camaraderie. Dès les premiers jours de marche, chacun va pour soi. Les corps, abandonnés sans sépulture, encombrent les bas-côtés et guident, telles des bornes, les groupes de traînards isolés. L'égoïsme est glacial comme le temps.

Tableau n° 2 : cheval qui tombe annonce la tombe.

Sans fers à crampons aux sabots, les chevaux glissent sur les pentes verglacées et s'écrasent en travers des chemins. Affaiblis par le manque de foin et l'effort d'une marche continue, ils sont incapables de se relever. Aussitôt, des soldats affamés se jettent sur eux et les dépècent sans attendre leur dernier souffle. Avec les débris des voitures abandonnées et des planches arrachées aux maisons, ils allument des feux pour faire griller les chairs sanguinolentes. Bientôt, sans être vus, ils rôdent autour des bivouacs et enlèvent, la nuit, les bêtes les plus chétives, les saignent et font bouillir dans des marmites leur sang noir pour le boire. Les retardataires se contentent de mordre dans les carcasses éparpillées à travers la plaine, qu'ils disputent aux chiens errants. Faute d'attelage, les canons et les caissons de munitions sont peu à peu abandonnés au bord des routes. Et quand il n'y a plus de chevaux ? vous demandez-vous. Prenez une pelletée de neige, faites-la fondre, ajoutez une poignée de farine, à défaut de la poudre à canon, ne faites pas la fine bouche, et servez chaud !

Tableau n° 3 : un malheur pousse l'autre.

Au milieu de ce calvaire, il demeure un espoir : Smolensk. À 400 kilomètres de Moscou, la ville, tombée aux mains de l'armée impériale, pourrait offrir des vivres en abondance ainsi qu'un abri sûr aux troupes épuisées. Malgré le froid et les privations, les survivants de la Grande Armée pressent le pas. L'hiver est en avance, mais la fin de la misère semble si proche que les plus malades et les plus faibles, les demi-vivants et les presque morts, accrochés à cette lueur, repoussent la mort dans un ultime sursaut. Ces cadavres ambulants se traînent péniblement, tombent et se relèvent, se répétant inlassablement le nom magique de Smolensk pour s'encourager à poursuivre la marche. Mais le triste soleil a disparu, le froid redouble, la neige se fait tempête et ensevelit bientôt les chimériques espérances. Au bivouac, serrés les uns contre les autres autour des feux, dans les abris de secours bricolés avec quelques branches de sapin, les hommes exténués n'ont plus la force de lutter contre le blizzard. La neige qui tombe à gros flocons les recouvre d'un épais suaire. Et si Smolensk n'était qu'un mirage ?

Tableau n° 4 : l'enfer, c'est le froid.

La rêvée Smolensk enfin atteinte n'est pas la terre promise. C'est une cour des miracles, envahie par une cohue d'agonisants, d'éclopés et d'affamés. L'anarchie la plus complète règne. Les églises transformées en hôpitaux de fortune sont pleines de souffreteux et de fiévreux. Les rues glacées, les cours et les jardins sont une morgue à ciel ouvert, qui infeste l'air de la putréfaction des cadavres. Un vent de terreur et de désordre souffle dans la cité. Les magasins sont dévalisés par le torrent des pillards qui s'abat comme une nuée de corbeaux sur les miettes d'un festin. Les réserves de vivres sont épuisées aussi vite. La fuite reprend hors de ce capharnaüm de misère. C'est un sauve-qui-peut désordonné, sans cesse inquiété par les attaques russes, les razzias des cosaques à cheval et les guets-apens cruels des paysans. Le froid, qui tient sous son joug l'indescriptible cortège, ronge les corps et les esprits, épuise les forces et le courage. Des chiffons ou des morceaux de peau de mouton roulés autour des pieds, les soldats avancent, hagards, dans cet enfer blanc. Certains qui, assoupis, se sont fait dérober leurs bottes, vont pieds nus et leurs membres glacés résonnent à chaque pas comme des sabots. D'autres, les mains gelées, s'affaissent et, dans leur chute, leurs doigts se brisent comme du verre. D'aucuns, grelottant à s'en rompre les os, s'allongent sur les lits de cendres encore fumantes des bivouacs délaissés pour trouver le réconfort d'un peu de chaleur. Perdus dans l'immensité glacée, livrés aux étreintes mortelles du froid, les esprits déraillent et entraînent les corps torturés dans d'effrayantes danses macabres. La débandade est complète. La bigarrure des accoutrements ajoute une touche absurde à cet équipage morbide. Coiffés de toques en peau de mouton, de bonnets de rabbin, couverts de pelisses garnies de fourrures, de peaux d'ours, drapés dans des châles de femme et de riches tentures colorées, affublés d'oripeaux étranges, les soldats ont l'allure d'une misérable troupe de comédiens en haillons.

Tableau n° 5 : c'est une Bérézina.

Depuis deux siècles, les historiens débattent sans fin pour savoir si la traversée de la Bérézina fut une défaite ou une victoire militaire. L'esprit populaire a tranché, faisant de cet épisode célèbre de la retraite de Russie un fiasco. C'est une bien piètre postérité pour l'ingénieux et heureux stratagème imaginé par Napoléon. Acculés le long du fleuve, les débris de la Grande Armée réussissent à tromper la vigilance des Russes et à franchir les flots sur deux ponts brinquebalants, au nez et à la barbe de l'ennemi. Mais *quid* des milliers de traînards, de blessés, de civils et de soldats des régiments de l'arrière-garde ? Bloqués sur la rive, ils se battent, s'égorgent, s'entre-tuent pour gagner leur place dans les files d'attente. Soudain, à l'approche de l'armée russe qui a réalisé un peu tard sa bévue, Napoléon ordonne de mettre le feu aux passerelles. Aussitôt, la terreur et la furie s'emparent de la foule épaisse et confuse : c'est la ruée. Les uns courent sur les ponts au milieu des flammes et se jettent dans les eaux glacées pour ne pas périr brûlés ; les autres se précipitent dans le fleuve, croyant pouvoir gagner la berge d'en face, et s'accrochent à tout ce qu'il charrie de débris comme à une vaine bouée de secours ; la plupart pleurent en silence des larmes glacées de désespoir.

Tableau n° 6 : nul ne doit revenir vivant.

Il était dit que la délivrance se refuserait jusqu'au bout. La Bérézina franchie, ce n'est que la poursuite de la misère. La souffrance semble ne devoir jamais prendre fin. Le froid ne desserre pas d'un pouce son étau. Les températures chutent en dessous de -30 °C. Autour des feux, les soldats, la tête enturbannée dans des chiffons pour se protéger des assauts du froid, la barbe chargée de glaçons, se font une place en retirant les corps de ceux qui sont déjà morts. Chaque matin, le bivouac a l'aspect lugubre d'un champ de bataille, couvert de cadavres gelés. L'air glacé devient si vif que les hommes mettent le feu aux maisons des villages traversés pour se réchauffer sans prendre la peine d'y jeter un œil. Des granges, où des blessés ont trouvé refuge, s'embrasent sans que nul n'ait la force d'échapper aux flammes. Les soldats sont de plus en plus faibles, le froid de plus en plus terrible. Certains sont foudroyés dans leur marche. Dans l'atmosphère de glace, ils s'engourdissent, ralentissent le pas insensiblement, s'assoupissent tout en avançant, chancellent comme s'ils étaient ivres, puis tombent pour ne plus se relever. Le froid fait sa moisson. La route est jonchée de corps statufiés, durs comme le marbre, les bras tendus comme s'ils imploraient un secours.

Il m'est souvent arrivé de faire défiler ces tableaux de la retraite de Russie en imagination, quand, en mer ou en montagne, je subis moi-même les assauts du froid, de l'humidité et du vent glacial. Mais au fond, aujourd'hui, si l'on se prépare bien, nous sommes nettement mieux protégés. Nous avons des vêtements spécialement conçus pour affronter les affres du climat.

Nous n'avons guère à nous plaindre. Quand je suis sur un bateau, en plein Atlantique, à lutter contre les éléments, frigorifié et détrempé par les paquets de mer, je pense aux grognards de Napoléon, à l'enfer qu'ils ont traversé, protégés par de mauvais vêtements, sans savoir quand leur calvaire prendrait fin. Je songe aussi à mon arrière-grand-père, qui embarquait sur un voilier à Saint-Malo pour aller pêcher la morue pendant six mois sur les bancs de Terre-Neuve. Je ne l'ai pas connu, mais son destin me fascine. Ils étaient nombreux comme lui à quitter les ports français pour ces mers glacées du nord de l'Amérique. Là-bas aussi, c'était un enfer. Les conditions de travail étaient rudes. La brume était à couper au couteau, le givre formait une cuirasse sur les navires, les tempêtes malmenaient les embarcations comme un jouet dans la main d'un géant, la mer couverte de glaces flottantes était aussi périlleuse qu'un champ de mines. Je les vois, ces bagnards de la mer, transis, grelottant, bravant le froid et le vent. J'admire leur courage, leur force de caractère, comme celle des forçats de la plaine russe à la barbe glacée.

1815 – Waterloo
L'Empire se noie
dans quelques gouttes d'eau

La veille de la bataille, il pleut à torrents toute la journée. Les soldats affamés passent la nuit dans la boue. Le sol est détrempé. Incapable d'adapter sa stratégie, Napoléon court inéluctablement à la défaite.

Je me souviens qu'il y a trente ans, quand j'ai débuté comme météorologue à Marseille, on me faisait observer de façon plus ou moins bienveillante que ce n'était pas un métier. Ces remarques, même si elles étaient parfois dites sur le ton de la plaisanterie, ne prêtaient pas toujours à sourire. J'avais suivi des études scientifiques, math sup. Nous réalisions des progrès à Météo France dans nos prévisions mais, je dois le reconnaître, ils étaient encore lents, et la société n'y prêtait guère attention. Combien de fois ai-je entendu : « Louis, la météo c'est comme l'horoscope. » Et, de fait, les gens lisaient les prévisions dans le journal comme la rubrique astrologique. Sans y croire vraiment.

L'incrédulité a longtemps été le lot commun des météorologues. Il faut dire que parfois nous avons tendu le bâton pour nous faire battre. Ainsi quand, dans les années 1950, avant même le lancement du premier satellite météo, la Météorologie nationale, ancêtre de Météo France, prend l'initiative de rendre publiques des prévisions à un mois d'échéance, elle ne fait rien pour accroître son crédit dans l'opinion publique. C'est au petit bonheur la chance. Les erreurs sont nombreuses et ne contribuent pas à donner à la météorologie la caution d'une démarche scientifique sérieuse. Cette image de devin aventureux nous restera longtemps collée à la peau. Au début des années 1980, on peut d'ailleurs penser que l'opinion que tout un chacun s'en fait est à peu près la même qu'à l'époque de Napoléon. Elle n'a guère évolué.

L'Empereur lui-même a toujours considéré avec dédain les tentatives de prédiction du temps. Il n'y voit qu'une pseudoscience, un exercice de divination. Tout cela n'est que charlatanisme à ses yeux, comme il le fait sentir un jour avec virulence à Lamarck. Le scientifique est un des premiers à étudier les phénomènes de l'atmosphère. Lorsqu'il le croise dans le grand salon des Tuileries, qui lui tend un ouvrage, Napoléon lui réplique avec mépris : « Qu'est-ce que cela ? C'est encore un almanach, c'est votre absurde météorologie […] qui déshonore vos vieux jours. » La moquerie fait mouche.

Le bon mot ravit les adversaires de Lamarck, qui ne manquent pas de le répéter dans tout Paris.

Certes, l'attitude de Napoléon n'est guère surprenante. Mais il faut la replacer dans son contexte. À l'époque, la météo n'est pas le moins du monde considérée comme une science. Les connaissances sont très limitées. Benjamin Franklin a étudié les courants du Gulf Stream à la fin du XVIIIe siècle ; un Anglais vient tout juste de classifier les nuages ; et puis, c'est à peu près tout. Les progrès sont minimes. Ce ne sont que les prémices de la météorologie moderne. Les paysans préfèrent s'en remettre aux dictons pour tenter de percer quelque peu les mystères de la nature. Il faudra encore attendre avant que la météo devienne une science respectée. Pour autant, on pourrait croire que l'Empereur a appris de son aveuglement, que le fiasco de la retraite de Russie l'a fait changer d'avis.

Mais non ! Napoléon est un fieffé récidiviste. Trois ans après, il se prend de nouveau les pieds dans le piège tendu par la météo. Ce n'est plus le froid et la neige comme en Russie qui l'entraînent vers sa perte, mais la pluie estivale belge qui concourt à sa défaite dans la plaine de Waterloo. Nous sommes en juin 1815. Cela ne fait pas quatre mois que Bonaparte, évadé de l'île d'Elbe, a débarqué à Golfe-Juan avec à peine un millier d'hommes, repris place sur le trône de France, et déjà l'inconfort de la guerre est redevenu son quotidien. Fidèle à son audace coutumière, l'Empereur a tiré le premier. Il n'a guère d'autre choix. Pour les puissances européennes coalisées, il est l'homme à abattre, « l'ennemi et le perturbateur du repos du monde ». Elles ont rassemblé près d'un million d'hommes pour l'anéantir. Toutes ces troupes convergent en rangs dispersés vers les frontières.

Que rapportent les historiens ? Dos au mur, Napoléon veut prendre l'ennemi de vitesse. Aux portes de la France, il engage l'offensive. D'un côté contre l'armée prussienne du vieux maréchal Blücher, de l'autre contre les troupes anglo-néerlandaises de l'ambitieux duc de Wellington. Toutes deux sont stationnées sur le sol belge. La première, mise en déroute à Ligny, est en fuite ; la seconde, aux trousses de laquelle l'Empereur est lancé, a stoppé sa retraite devant lui. À quelques kilomètres seulement de Bruxelles, non loin de Waterloo. Le soir du 17 juin, Napoléon arrive en vue des avant-postes ennemis. La nuit tombe. L'orage bat la campagne.

Abrité sous le porche d'une cour de ferme, l'Empereur, couché sur une botte de paille, se réchauffe auprès d'un feu de bivouac. Les soldats de la Garde l'entourent. Son fidèle valet, un jeune Versaillais, que l'on surnomme le Mamelouk Ali, s'active pour préparer son logement.

Tout l'attirail de campagne est transporté des voitures de la suite impériale à l'intérieur de la ferme. Un lit, des tabourets et des fauteuils pliants, les cartes d'état-major et les portefeuilles des secrétaires, le nécessaire de toilette et le service de table en argent suffisent pour transformer la bâtisse sans confort en quartier général. Les rares meubles laissés par la famille de fermiers sont jetés dans la cour sous la pluie. Avec grande difficulté, Napoléon enlève ses bottes détrempées. Il est trop tard pour livrer bataille.

Depuis le début de la journée, des torrents d'eau inondent les plaines et les vallons de Belgique. Trois heures n'auraient pas suffi de toutes les façons pour lancer l'attaque. Dehors, dans l'obscurité de la nuit, l'armée est considérablement retardée. Essorée par la pluie qui redouble, elle est encore en marche. Son avancée est des plus pénibles. Les chemins, défoncés par les incessantes averses et le récent passage des colonnes anglaises, sont impraticables. L'infanterie s'épuise dans la boue épaisse et molle qui recouvre tout. Les soldats plongent chevilles et mollets dans les trous d'eau. À travers les champs, les chevaux s'enfoncent jusqu'au ventre dans la terre noire et gluante, ils s'en arrachent avec lourdeur et effort, réduisant en fumier les moissons prometteuses. Les voitures dérapent dans les ornières glissantes et versent dans les fossés et les torrents. Il faut parfois plusieurs heures pour les en sortir. Certaines sont abandonnées les roues cassées, les essieux brisés. Ces haltes longues et fréquentes ralentissent l'allure.

Sac au dos, le fusil battant l'épaule, les fantassins sont couverts de boue des pieds à la tête, trempés jusqu'à la moelle comme s'ils avaient traversé une rivière en crue. L'averse tombe si dru que les hommes n'arrivent bientôt plus à distinguer la couleur des uniformes qui les précèdent. Les régiments sont éparpillés, dispersés aux quatre vents. Le désordre est grand. L'intendance ne suit pas ; les lignes de communication sont perturbées ; le commandement est en proie à la confusion. Sous le temps exécrable, le chemin de croix se prolonge jusque tard dans la nuit. Les troupes au bord de l'épuisement, dégoulinantes d'eau, transpercées par le vent glacé, errent dans les ténèbres sans lune à la recherche des places de bivouac. De lieu en lieu, des dragons à cheval, postés dans la terre grasse des champs, crient « Par ici ! Par ici ! » pour indiquer le chemin. Les corps sont fourbus. Les capotes, les pantalons, les semelles sont lourds de la boue accumulée toute la journée. Certains soldats, tels des funambules, évoluent dans un demi-sommeil, bercés par le mouvement de la marche, soutenus par une épaule ; ils tombent comme des sacs quand l'allure ralentit ou quand un pied se dérobe sur le terrain neigeux. Quelques-uns, qui ont perdu leurs chaussures dans la terre gluante, avancent les pieds nus.

Le cauchemar n'est pas terminé. Il n'y a rien à manger, nulle part où s'abriter. Les chariots de vivres et de bagages sont restés coincés à Charleroi, où ils encombrent les places et les avenues. De la distribution de rations tant attendue : que nenni ! Les soldats qui ont encore un soupçon de vigueur s'en vont à travers la campagne à la recherche d'un morceau à se mettre sous la dent. C'est l'heure du maraudage et de la rapine. Les fermes avoisinantes sont pillées. Les soldats affamés se servent. Les uns emportent un agneau qu'ils saignent après avoir forcé les portes d'un bercail ; les autres déterrent des raves qu'ils mangent à pleines mains. La plupart, à bout de force, s'endorment le ventre vide ou se contentent d'un bout de pain humide, préservé au fond d'une poche.

Mais quelle nuit ! C'est le dieu Mars qui attaque. Le ciel est chargé de nuages. De temps à autre, un éclair déchire l'horizon. Le tonnerre gronde dans le lointain, aussi menaçant que le canon ennemi. Les brasiers, où se réchauffer, sont précieux. Ils sont rares à cause du manque de bois et de la pluie qui tombe à seaux et ruine les efforts des plus persévérants. Dans leurs uniformes ruisselants, les uns couchent à même la boue comme des mendiants, tiraillés par la faim, grelottant de froid et claquant des dents ; les autres ont trouvé refuge dans l'humidité des champs de blé et de seigle, sous les épis gorgés de pluie qui s'égouttent sur les visages harassés. Dos à dos, se serrant les uns contre les autres comme des bêtes pour profiter d'un semblant de chaleur, ils tentent de trouver le sommeil. L'inconfort est tel sur la terre imbibée qu'on aperçoit de loin en loin, comme des faisceaux de baïonnettes, des groupes de soldats sommeillant debout, étroitement pelotonnés. Les cavaliers s'endorment en selle ou appuyés contre les flancs de leur monture. Et, toute la nuit, retentissent les appels des régiments égarés et des soldats perdus dans la campagne.

À l'aube, la pluie a cessé. Lanciers, cuirassiers, dragons et chasseurs ont la mine grise des nuits sans sommeil. Trois jours de marche et de combat les ont durement éprouvés. L'absence de nourriture et les heures passées à chercher sans succès le repos sur une terre fangeuse et sous une pluie torrentielle ont usé l'enthousiasme. Devant les feux allumés avec ce que l'on trouve de bois dans la précipitation, la mauvaise humeur des soldats monte comme une plainte sourde. Sous les murmures de lassitude et les jurons d'abattement percent parfois des imprécations contre l'incurie des généraux. Les vieux grognards des campagnes napoléoniennes, ceux qui ont connu l'effrayante retraite de Russie et la sanglante guerre civile espagnole, ne se privent pas de laisser libre cours à leur ressentiment. Le manque de vivres ajoute aux tourments. Les plus veinards font réchauffer du bouillon ou une carcasse chapardée. Par manque de sel, ils l'assaisonnent d'une pincée de poudre à canon. Le goût est infect. Beaucoup doivent se contenter d'une simple rasade d'eau-de-vie, tout en astiquant leurs armes qui ont souffert de l'humidité. Chacun s'affaire en silence à les démonter complètement, les sécher soigneusement, puis en changer les amorces. C'est une question de vie ou de mort.

Le soleil perce timidement à travers les nuages. Il n'a pas le temps de réchauffer les corps et les cœurs que déjà la rumeur du combat prochain se répand parmi les régiments. Levé aux premières lueurs du jour, l'Empereur a vu avec satisfaction le ciel se dégager. Il ne veut pas laisser l'Anglais lui échapper. Pour lui aussi, la nuit a été courte. Elle a été agitée par les allées et venues des courriers, des officiers d'ordonnance et des généraux. Les mains dans le dos, Napoléon arpente de long en large la pièce qui lui sert de chambre à coucher et de cabinet de travail. Il semble contrarié. De sa démarche pesante, il passe et repasse devant son lit de campagne tendu de soie verte, perdu dans ses pensées ; de temps à autre, il plonge nerveusement la main, comme par réflexe, dans une des tabatières posées sur un coin de table. Il aurait aimé lancer l'attaque aux premières heures. Mais le temps calamiteux de la veille contrecarre encore ses plans. Retardée par la pluie, une partie de l'armée vient seulement de reprendre sa marche vers les positions ennemies. Tout ce temps perdu ne sera pas rattrapé.

L'Empereur maudit ces infortunes. Mais ce n'est pas un malheureux orage d'été qui va le faire reculer. La météo est comme l'intendance, elle doit suivre. Napoléon a toujours refusé de soumettre sa volonté aux aléas du temps. Quelques années auparavant, lors d'un exercice en mer, n'a-t-il pas démis sur-le-champ l'amiral qui s'opposait à l'appareillage des navires au prétexte que la tempête soufflait ? Ce fut un désastre : plusieurs embarcations firent naufrage et une trentaine de marins périrent noyés. Peu importe ! Ce matin du 18 juin, au déjeuner servi vers 8 heures, malgré le peu d'intérêt de Napoléon pour la météo, le temps est pourtant au cœur des préoccupations autour de la table de l'Empereur. Entre deux plats, certains des officiers ne manquent pas de faire remarquer que les chemins sont tellement détrempés qu'il n'est pas imaginable de livrer bataille dans la journée sans crainte que la cavalerie ne s'embourbe et que les canons de l'artillerie ne s'enfoncent jusqu'aux moyeux.

Les premiers rapports des officiers d'artillerie arrivent. Ils sont rassurants. Le vent souffle sur la plaine. Le terrain ne tardera pas à sécher. Malgré les heures qui passent dans l'attente des derniers régiments, Napoléon est confiant. La victoire lui tend les bras. « L'armée ennemie est supérieure à la nôtre de plus d'un quart. Nous n'en avons pas moins quatre-vingt-dix chances pour nous et point dix contre », assure-t-il à ses généraux attablés devant la carte du champ de bataille. En se levant, l'Empereur enfile sa redingote grise sur son uniforme de chasseur de la Garde pour aller passer les troupes en revue. « Messieurs, si mes ordres sont bien exécutés, nous coucherons à Bruxelles », lance-t-il à la cantonade en quittant la table, le dos voûté et l'air taciturne.

En attendant les dernières unités et l'ordre de se porter en avant pour engager les hostilités, l'armée française se déploie et s'impatiente. Face à elle, les Anglo-Néerlandais se tiennent accrochés, sur une petite colline, à des fermes qu'ils ont fortifiées la veille en prévision de l'attaque. À cheval, l'Empereur s'est porté aux avant-postes. Il parcourt les rangs au son des trompettes et des tambours. Sur son passage, les soldats agitent, au bout de leurs sabres et de leurs baïonnettes tendus, leurs shakos, leurs bonnets à poils et leurs casques. Par vague, les acclamations enflent, les « Vive l'Empereur ! » hurlés à gorge déployée retentissent jusqu'aux oreilles ennemies. Dans ce tumulte excité par la présence de Napoléon, l'enthousiasme se mêle à la fureur, à la haine et à la crainte. Avec grand-peine, sur le terrain encore meuble et glissant, l'artillerie met en place les pièces de batterie. L'Empereur a fixé à 13 heures le début de la canonnade.

Quand l'artillerie ouvre le feu sur le champ de bataille étroit et pentu, la campagne se couvre d'un épais brouillard de fumée et d'une âcre odeur de poudre. Par vagues successives et isolées, l'assaut est donné. Tout l'après-midi, c'est un inlassable va-et-vient furieux et déchaîné de fantassins, de cuirassiers et de dragons.

La terre encore gorgée d'eau avantage les Anglais qui tiennent solidement leurs positions sur ce terrain vallonné plus facile à défendre qu'à attaquer. Les canons français, dont Napoléon aime faire usage pour réduire la résistance adverse, ne peuvent donner leur pleine mesure. Non seulement l'Empereur ne peut faire manœuvrer son artillerie à sa guise, mais le terrain détrempé recèle de pièges inattendus. Projetés en avant des lignes ennemies, les boulets en fonte de fer ne sont jamais plus redoutables que quand ils rebondissent sur la terre ferme, multipliant ainsi les coups portés à l'adversaire comme une pierre ricochant à la surface de l'eau. Avec cette technique, la précision est secondaire. Un boulet qui rebondit devant la cible, c'est le *strike* assuré ! Mais dans la terre grasse de Waterloo, les lourds projectiles sont freinés dans leur course folle ou enterrés sans pouvoir rebondir : ils sont incapables de tailler dans le vif des colonnes anglaises.

Les obus emplis de poudre ne sont guère plus dangereux. Certains se fichent si profondément dans le sol mou que le souffle de l'explosion n'a pas plus d'effet qu'un vulgaire pétard de fête foraine. D'autres n'ont même pas le temps de faire « boum » avant que leur mèche ne s'éteigne au contact de la terre humide. La cavalerie n'est pas à la fête non plus. Les sabots s'enfoncent dans le terrain lourd et fangeux ; les chevaux trépignent, s'embourbent et s'essoufflent. Sur les pentes abruptes ravinées par les pluies, dans le bourbier infâme créé par la pluie et le piétinement des armées, le galop furieux n'est plus qu'un laborieux trot. Toute la vigueur de l'attaque, tout l'effet de surprise que l'on est en droit d'en attendre sont, en un instant, annihilés.

Quand, le soir, les armées prussiennes paraissent en renfort, les troupes napoléoniennes n'ont pas réussi à percer les lignes défensives anglaises. Les dés sont jetés, et ils sont pour les armées coalisées. L'entrée dans la bataille de la garde impériale ne changera rien à l'issue du combat. À Waterloo, ce 18 juin 1815, le temps a joué un sale tour à l'Empereur, le contraignant à différer son attaque, puis réduisant à néant la suprématie de sa puissante artillerie. Une abondante pluie d'été précipite inévitablement la chute de Napoléon, ce génie militaire qui n'avait que faire de la météo. Porté par le souffle de l'épopée napoléonienne, Victor Hugo en saisit toute la dramaturgie dans *Les Misérables* : « S'il n'avait pas plu dans la nuit du 17 au 18 juin 1815, l'avenir de l'Europe était changé. Quelques gouttes d'eau de plus ou de moins ont fait pencher Napoléon. Pour que Waterloo fût la fin d'Austerlitz, la providence n'a eu besoin que d'un peu de pluie, et un nuage traversant le ciel à contresens de la saison a suffi pour l'écroulement d'un monde. »

1917 – Le Chemin des Dames
Un enfer pavé de boue

L'entêté général Nivelle promet de mettre fin en 48 heures au conflit qui dure depuis plus de 30 mois. Son audace séduit autant qu'elle inquiète. Sous la pluie et la neige, c'est une boucherie.

Le Chemin des Dames. Ce nom chargé d'histoire est connu de tous. Un siècle plus tard, là-bas au-dessus de la vallée de l'Aisne, la terre arbore toujours les cicatrices de la Première Guerre mondiale. Il suffit de se promener parmi ces paysages champêtres de Picardie, comme il m'est arrivé de le faire, pour replonger dans ce conflit. Même si les armes se sont tues depuis longtemps, l'horreur affleure encore. Le site du vieux Craonne, livré au silence et recouvert de végétation, me soulève le cœur à chaque visite. Du village qui s'élevait autrefois en ces lieux, il ne reste rien, pas une maison. Le terrain, bouleversé, creusé, remué de façon si étrange, en dit long sur la violence des combats et l'avalanche d'obus qui ont défiguré ces quelques hectares. Et le ciel, comme ulcéré, ne fut pas en reste.

C'est à l'occasion d'une de ces visites que j'ai appris qu'ici aussi la météo avait joué son rôle. Encore une fois, ce n'était pas à l'avantage de l'armée française. Comme à Azincourt et à Waterloo, l'attaque de 1917 au Chemin des Dames a été entravée par la pluie et la boue. Pourtant, cette offensive, selon le général Nivelle qui l'avait imaginée, devait être décisive. Foudroyante. En quarante-huit heures, elle devait enfoncer et disloquer les défenses allemandes, puis contraindre à la capitulation les forces ennemies, précipitées en un tournemain au bord de l'anéantissement. Depuis qu'il a pris la tête des troupes françaises en remplacement de Joffre, à la fin de 1916, Nivelle en est convaincu : son plan ambitieux doit conduire l'armée française à la victoire. C'est sans compter sur les assauts du temps, dont Nivelle ne se soucie guère.

Auréolé par son récent succès à la bataille de Verdun, le général en chef ne doute pas, comme en témoignent les historiens de la Grande Guerre. Il est persuadé de détenir la martingale pour mettre un terme à cette interminable guerre de position. Ses reconquêtes triomphales des forts de Vaux et de Douaumont parlent pour lui. « Notre méthode a fait ses preuves. La victoire est certaine, je vous en donne l'assurance. L'ennemi l'apprendra à ses dépens », fanfaronne-t-il au soir de Verdun. Adepte de l'offensive éclair et brutale, Nivelle expose, dès sa prise de fonction, sa stratégie de la « rupture » :

« La pénétration jusqu'en arrière du gros des batteries lourdes de l'ennemi est possible, à condition de le faire d'un seul coup, par attaque brusquée en vingt-quatre ou quarante-huit heures. »

L'assaut doit avoir lieu au Chemin des Dames. L'endroit n'est pas une promenade de santé. Les unités allemandes campent solidement le long de cette crête depuis l'automne 1914. Sur l'extrémité du plateau soissonnais, dont les flancs sont truffés de carrières, les Allemands ont aménagé des abris fortifiés et creusé un vaste réseau de galeries souterraines, intégré à leur système défensif. Deux obstacles viennent encore compliquer les plans de Nivelle. L'état-major allemand a ordonné un repli stratégique et l'abandon de certaines positions sur le front. Des troupes supplémentaires affluent vers le Chemin des Dames. Or l'hiver rigoureux comme le printemps pluvieux ne plaident pas en faveur d'une attaque sur des pentes escarpées. Cette nouvelle donne jette le désarroi dans l'état-major mais ne contrarie guère Nivelle. Avec une témérité et une assurance qui glissent au fil des semaines vers l'entêtement aveugle et absurde, le général en chef compte sur l'effet de surprise pour briser la résistance ennemie. L'échec, il ne l'envisage même pas. Quant à la météo, il la néglige.

De guerre lasse, son audace et son assurance plaisent aux hommes politiques. Au gouvernement comme à la

Chambre, en ce début d'année 1917, on veut en terminer avec ce conflit, commencé dans l'allégresse d'une victoire éclair trois ans plus tôt, et que plus personne ne sait comment conclure. L'optimisme de Nivelle, ses promesses d'en finir séduisent. Beaucoup moins dans l'armée. Les généraux renâclent. En privé, leurs critiques sont de plus en plus acérées contre Nivelle et Mangin, son âme damnée. Ils s'en ouvrent aux députés et aux ministres : « Il ne tient aucun compte des possibilités. Il veut faire 22 kilomètres le premier jour en combattant, alors qu'on ne les ferait pas en terrain libre d'ennemi », écrit Fayolle. En pleine préparation de l'offensive, la chute du gouvernement freine la marche en avant obstinée de Nivelle. Le nouveau ministre de la Guerre, le mathématicien Painlevé, n'est pas prêt à lui offrir carte blanche.

En bon scientifique, le ministre refuse de jouer l'issue de l'offensive à la roulette. Il a eu vent des doutes et de la méfiance des officiers. Il s'est fait son opinion. Il juge la stratégie de Nivelle aventureuse et hasardeuse. Ses entrevues avec le général sont glaciales. Lors de leur première rencontre, Painlevé ne manque pas d'attirer l'attention de Nivelle sur l'indispensable soutien de l'aviation pour repérer les positions ennemies. Ce théoricien du vol aérien sait que, dans la vallée, les armées françaises ne disposent pas de postes d'observation fiables. Mais pour cela un temps clément s'impose :

« Aucune opération dans cette guerre n'a jamais autant dépendu des conditions météorologiques, fait-il observer à l'obstiné général. Si nous avons la malchance d'une période de mauvais temps, et le mois d'avril est capricieux, la destruction des organisations allemandes du plateau de Craonne sera impossible. »

L'attention que porte Painlevé aux questions météorologiques n'est pas surprenante. Spécialiste de la mécanique des fluides, c'est un grand amateur d'aviation. Il fut un des premiers passagers des frères Wright ; il créa le cours d'aérodynamique à la récente École supérieure d'aéronautique. Or si la météo est absente des stratégies de l'état-major, elle est indispensable à l'aviation. La réussite des vols, les chances de décollage et d'atterrissage des appareils militaires en dépendent. Avec l'irruption de l'aviation sur les champs de bataille, c'est peut-être la première fois que les questions météorologiques sont prises quelque peu au sérieux dans les réflexions. Cela n'est guère étonnant. Ces deux domaines sont toujours allés de pair. Au point qu'aujourd'hui Météo France est encore largement financé par les redevances aéronautiques.

Si vous me permettez une confidence au milieu de ce récit : moi-même, je suis devenu météorologue par amour de l'aviation. Enfant, je rêvais de devenir pilote de chasse. C'était dans mes gènes car j'avais, il est vrai, de qui tenir. Mon père était mécanicien dans l'armée de l'air. Mon grand-père maternel était gérant d'un petit aérodrome près de Grenoble. Tous les étés, je passais un mois de vacances auprès de lui, dans une ambiance familiale, très bon enfant. Dès qu'il y avait une place de libre dans un avion, comme je traînais toujours sur l'aérodrome, je m'installais à bord. Je faisais le sac de sable, comme on dit. À dix ans, je savais tenir un manche à balai ! À dix-sept ans, je n'avais pas encore mon permis de conduire mais déjà mon brevet de pilote. Pour moi, piloter, c'était naturel. Pendant les vacances, alors que les copains partaient sur les plages, je filais dans les Pyrénées faire du planeur et jouer avec les courants d'air. Et puis, à la visite médicale pour devenir pilote de chasse, j'ai été recalé. La météorologie m'est alors apparue comme la suite logique pour garder la tête dans les nuages.

En 1917, ce souci d'accorder à la météo une place plus grande n'est porté que par une poignée d'hommes souvent férus d'aviation. Nivelle, lui, lève les yeux au ciel. Peu habitué à se faire donner la leçon par un civil, le général, qui n'a que faire du temps qu'il fait, ne goûte guère l'avertissement de Painlevé. Raidi dans ses certitudes, il balaye l'argument : aucune inquiétude à avoir, il connaît le champ de bataille comme sa poche, mètre par mètre. Puis, exaspéré, il refuse de poursuivre plus loin la discussion avec un « amateur » dont les opinions ne peuvent résister aux arguments d'un technicien de la stratégie militaire. Depuis le début des hostilités, les généraux du Grand Quartier Général ont la haute main sur la conduite des opérations militaires. Il n'est pas dans leur habitude d'en discuter les ressorts avec des hommes politiques, qu'ils jugent incompétents en la matière.

Mais le vent tourne. La guerre a trop duré. Les sacrifices humains consentis sont très lourds et les succès sur le champ de bataille minimes. La Chambre et le gouvernement veulent reprendre la main et tenir en bride ces généraux boutefeux. Le temps de rendre des comptes est venu. Painlevé ne veut pas d'une grande tuerie supplémentaire sous prétexte d'une illusoire percée. La stratégie de Nivelle lui semble téméraire et encore plus imprudente si la météo n'est pas favorable. N'apparaît-elle pas chimérique aux yeux mêmes des officiers qui doivent mener la bataille ? « L'obstination de Nivelle conduira à un échec », prévient le général Pétain. À l'approche du jour J, les dissensions sont de plus en plus vives.

J'ai lu récemment à ce sujet une retranscription intéressante des événements. Le 6 avril 1917, quelques jours avant le déclenchement de l'offensive, un conseil de guerre est convoqué, en gare de Compiègne, dans le wagon-salon du président de la République Poincaré.

Autour de la table, où sont réunis hauts gradés et ministres, l'atmosphère est tendue. Face aux interrogations sur le bien-fondé de sa stratégie, qui s'expriment ouvertement de part et d'autre, Nivelle est ulcéré. Touché dans son orgueil, il manque à plusieurs reprises de se laisser emporter par la colère. À l'un de ses subordonnés, qui met en doute les chances de réussite de l'opération et milite pour une offensive moins ambitieuse, le général en chef réplique vertement : « Rappelez-vous ce mot de Napoléon : il n'y a rien de plus méprisable qu'un soldat à qui le cœur manque au moment de l'action. » Même le général Mangin, partisan inconditionnel de l'offensive à outrance, appelle à temporiser et à attendre une période d'accalmie climatique, après le 1er mai. À court d'arguments, Nivelle, qui n'entend pas changer d'un iota ses plans et veut précipiter la bataille quelle que soit la météo, fait le geste d'offrir sa démission. « Je ne me sens plus soutenu par la confiance du gouvernement », souffle-t-il.

Le gouvernement se fait forcer la main. Il est trop tard pour reculer. Depuis des semaines, malgré le mauvais temps, la vallée de l'Aisne est le théâtre d'intenses préparatifs. Plus d'un million d'hommes et près d'un demi-million de chevaux sont rassemblés aux abords du Chemin des Dames. On a construit des dizaines de kilomètres de voies ferrées et de routes pour l'acheminement des troupes et leur ravitaillement en munitions et en matériel. Des groupes électrogènes et des réservoirs d'eau ont été installés, des observatoires érigés, des postes de commandement souterrains creusés. Même des camps de prisonniers avec salle d'interrogatoire sont en cours d'achèvement. Sans enthousiasme ni conviction, le gouvernement se rallie à la stratégie de Nivelle, sans même lui imposer de tenir compte des conditions météorologiques. L'attaque aura lieu.

C'est finalement une position ambiguë qui est adoptée. Le gouvernement donne son feu vert à l'offensive. Mais, avertit-il, la bataille ne sera pas poursuivie coûte que coûte. Si les résultats sont aléatoires et fragiles, les pertes disproportionnées, elle sera arrêtée net. Après les hécatombes des années précédentes et les offensives sanglantes ratées dans la Somme, en Champagne et dans l'Artois, personne ne veut d'une nouvelle boucherie. Persuadé de sa réussite, Nivelle assure que les premières lignes ennemies seront enlevées d'un bond avec des pertes minimes. « Il me suffira de vingt-quatre ou quarante-huit heures pour dire au gouvernement si l'opération a réussi ou non. Je ne veux pas encore recommencer la bataille de la Somme ; rien n'est plus dangereux que de s'acharner sur un même front si, en quarante-huit heures, on n'a pas enlevé les positions ennemies », promet-il. L'incertitude météorologique passe totalement au second plan.

La « méthode Nivelle » est simple. Selon le credo de la doctrine militaire alors en vogue, « l'artillerie conquiert le terrain, l'infanterie l'occupe ». Pendant dix jours, l'armée française soumet les tranchées allemandes à un déluge d'obus incessant qui doit anéantir les lignes en profondeur. Non seulement ces bombardements massifs alertent l'ennemi sur les intentions françaises, mais le vent et la brume ne permettent aucune précision. L'aviation de reconnaissance, qui doit apporter son soutien pour régler le tir et s'assurer de la destruction des objectifs visés, ne peut offrir qu'un appui limité en raison de la couverture nuageuse. Et c'est bien à cause du temps que la belle mécanique va s'enrayer. L'immense espoir qui avait accompagné l'annonce de l'offensive se dissipe.

Même au sein du cabinet de Nivelle, un vent de défaitisme souffle. Dans les jours qui précèdent l'attaque, son chef du bureau des opérations lui écrit pour dégager sa responsabilité. La bataille semble perdue avant même d'avoir été livrée. Pour tous, sauf pour les Poilus qui accordent encore foi au haut commandement. L'accablante lenteur de la guerre n'a pas entamé le moral des troupes. Pas plus que les rigueurs de l'hiver, au cours duquel la Seine a été prise par les glaces. À cause du froid, plusieurs centaines de tirailleurs sénégalais, victimes d'engelures (le fameux « pied des tranchées ») et de pneumonies, ont déjà été évacués vers l'arrière. L'annonce de l'offensive décisive a fait naître une extravagante espérance dans les tranchées remplies d'eau.

« Aux officiers, sous-officiers et soldats des Armées françaises. L'heure est venue. Confiance, courage et vive la France ! » écrit aux troupes le général Nivelle, le 15 avril au soir. Après plusieurs ajournements en raison du temps désastreux, c'est l'appel au combat. La météo ne s'est guère améliorée, mais Nivelle n'en tient pas compte. Dans les tranchées infestées de rats et inlassablement battues par la pluie depuis dix jours, le silence se fait. Personne ne parle de la bataille imminente. Pour tuer l'attente fébrile et l'angoisse, les hommes jouent aux cartes, font leur toilette, se plongent dans la lecture du premier livre venu pour calmer leurs nerfs ou se partagent une « boîte de singe », comme on désigne, dans l'argot militaire, les rations de bœuf. Tous ont la peur au ventre ; tous se raccrochent à l'espoir secret d'être parmi ceux qui auront la chance de s'en sortir.

Le lendemain, à 6 heures du matin, l'offensive est déclenchée. Un à un, les régiments quittent leurs tranchées, entraînés par leurs officiers qui s'écrient : « En avant ! En avant ! » La victoire est assurée. Les musiciens sont de la partie pour entonner *La Marseillaise* sur les tranchées adverses. Sous une tempête de neige et de pluie, agitée par un vent glacial, c'est la ruée vers les premières lignes allemandes. Les vagues d'assaut s'enchaînent. Les conditions météorologiques entravent, dès le début, le déroulement des opérations. Le sol humide, labouré par les tirs d'artillerie, troué comme une écumoire, n'est plus que fange. Sur les pentes où ils avaient reçu l'ordre de courir à l'assaut des positions ennemies, les soldats piétinent. Chargés d'un épouvantable barda qui les transforme en bêtes de somme, ils s'enlisent, essoufflés, de la boue jusqu'à mi-jambe. Ils tombent ventre à terre sur le sol gluant qui se dérobe, se relèvent, puis retombent de nouveau. Et dire que, selon les instructions, l'armée devait « attaquer d'un seul élan à la vitesse de 100 mètres en trois minutes » ! Le journal de marche d'une grande unité ne fait pas mystère de ces déboires, aggravés par le temps calamiteux : « Étant donné l'état du terrain détrempé, étant donné que l'hiver durait encore, la mission rapide confiée à l'unité était une utopie. Le temps était si mauvais qu'il fut impossible à l'infanterie de suivre les barrages d'artillerie ; les fusils-mitrailleurs, les mitrailleuses et même les fusils étaient hors de service. L'infanterie jeta presque tout son chargement. »

Et soudain, le terrain bourbeux se transforme en un inexorable piège. Depuis les tranchées, les nids de mitrailleuses allemandes, dissimulés, balayent les pentes. Tout l'horizon crépite. Chaque buisson, chaque cavité crache un tir nourri. Les balles sifflent comme des essaims d'abeilles au-dessus des têtes. Les salves soulèvent des gerbes de boue et de cailloux. Toute avancée est stoppée net sous l'ouragan de feu. C'est une boucherie, une hécatombe. Certaines unités perdent la moitié de leurs effectifs au cours des premières heures. Midi n'a pas sonné que la terre spongieuse du Chemin des Dames est, sous un épais nuage de fumée, couverte de corps. Enfoncés dans la boue, ruisselants et grelottants, les soldats voient leurs camarades fauchés autour d'eux, les taches bleues immobiles dissimulent le sol, entravant les blessés qui rampent comme des vers de terre. Les hommes, auxquels on avait promis que le passage serait déblayé et les batteries ennemies paralysées, en sont pour leurs frais. Ils tombent sur des positions allemandes vigoureuses. Ils ont compris. L'offensive est un échec. Rien ne s'est déroulé comme prévu.

Le champ de bataille est un cimetière. Les survivants se terrent dans les trous d'obus. Les services de santé débordés ne peuvent faire face. Les blessés sont laissés sous la pluie sur des brancards et doivent attendre plusieurs jours l'opération. Les chirurgiens, le matériel médical, tout fait défaut. On avait prévu le triomphe, pas la déroute. L'échec fait grand bruit. Au bout de deux jours, les troupes ont avancé d'à peine 500 mètres, alors que Nivelle avait promis une percée de 12 kilomètres en huit heures. On est loin du compte ! Si elles ne sont pas seules responsables du désastre du Chemin des Dames, les conditions climatiques ont précipité le naufrage. Pour de Gaulle, c'est clair : « L'offensive d'avril 1917 était conçue en dehors des conditions du moment [...], le terrain choisi était difficile pour l'attaque, le mauvais temps ne cessait point. » Les rafales de vent, la mauvaise visibilité, le sol détrempé, le froid et la neige tardifs, rien n'a joué en faveur de la stratégie imaginée par Nivelle. C'est un incalculable gâchis. D'autant plus impardonnable qu'il était annoncé.

À la Chambre, le député basque Jean Ybarnégaray, qui a participé à l'offensive, résume le fiasco d'un trait : « La bataille a été livrée à 6 heures, à 7 heures elle est perdue. » Le député du Sénégal, Blaise Diagne, premier Africain élu au Parlement, renchérit, en évoquant les souffrances des tirailleurs sénégalais : « C'est donc à un véritable massacre, sans utilité, hélas, qu'ils ont été voués par l'inimaginable légèreté de certains généraux. » « Ces troupes ont subi la pluie, la neige, dans des conditions telles qu'elles étaient obligées de mettre leur fusil en parapluie sous le bras », poursuit-il, pointant du doigt les conditions climatiques terribles qui ont accompagné les premiers jours de l'offensive. En première ligne, les tirailleurs ont les doigts gelés ; ils n'arrivent plus à mettre la baïonnette au bout du canon. Leurs armes engluées de boue s'enrayent ; ils sont une cible facile offerte aux tirs de l'artillerie ennemie.

La crise éclate à tous les étages. La désillusion est à la mesure de l'espérance qu'avait fait naître cette offensive prétendument victorieuse. Nivelle est remplacé par Pétain à la tête du haut commandement. Au Parlement, les députés grondent et demandent des têtes. Dans la troupe, le mécontentement se répand comme traînée de poudre. À l'arrière, la déconvenue est amère. Cette fois-ci, tout le monde l'admet : on a eu tort de minimiser les prévisions météorologiques !

1944 – Le débarquement
La bévue des météorologues sauve les Alliés

Se basant sur des prévisions erronées, le général Eisenhower lance les troupes à l'assaut des côtes normandes. Mieux informés, les Allemands n'ont rien vu venir.

Le dénouement est connu. Mais, à chaque fois, je ne peux m'empêcher de maudire cette pluie qui ne cesse de tomber. Dans les premières scènes du *Jour le plus long*, les militaires des deux côtés de la Manche ont les yeux rivés sur les nuages menaçants qui encombrent le ciel. Pour les Alliés, ce temps désastreux est une malédiction. Des dizaines de milliers d'hommes sont rassemblés sur les côtes anglaises. Ils n'attendent plus qu'un « Go ! » pour se lancer à l'assaut des plages normandes. Mais, si les intempéries persistent, l'opération patiemment préparée tombera à l'eau. Côté allemand, l'atmosphère est tout autre. La pluie réchauffe le moral des troupes. Rommel se réjouit de cette météo inhabituelle pour un début de mois de juin en France. Le temps semble interdire toute tentative de débarquement. « Dans quel camp est Dieu ? » souffle alors, fataliste, un soldat américain. Face aux caprices du ciel, le militaire est soudain aussi désarmé que le paysan qui voit sa récolte s'en aller à vau-l'eau. Et cette satanée pluie qui tombe toujours…

J'ai longtemps pensé que ce suspense météorologique, qui me fascinait tant enfant, avait été exagéré pour les besoins du cinéma. L'histoire du 7e art n'est pas avare de ce genre de mises en scène où l'on se joue de la réalité pour les besoins du spectacle. Mais non, ce n'est pas une liberté de scénariste ni une exigence de producteur pour ajouter une tension dramatique à un récit historique sans surprise. La réalité est bien celle-là. Le mauvais temps a bien failli repousser *sine die* l'opération Overlord et la libération de la France.

En Normandie, les Alliés n'en sont pas à leur premier débarquement. Ils ont déjà mis le pied en Afrique du Nord et en Sicile. Et depuis qu'ils ont pris la décision d'organiser un débarquement massif pour briser la domination nazie sur le continent, ils sont conscients que les conditions climatiques sont une des clés de la réussite de l'opération. L'échec n'est pas envisageable. Rien ne doit être laissé au hasard, pas même la météo !

Cette quête du temps parfait vire vite à l'obsession. Pour la première fois de l'Histoire, les météorologues sont pleinement associés à une décision stratégique. Les militaires n'ont pas le choix, ils ont besoin de leurs observations. Les prévisionnistes sont mis au pied du mur. La réussite de l'opération reposera sur leurs projections. L'état-major exige d'abord une période de cinq jours de temps calme et clair pour conduire l'opération. Condition impossible. Les météorologues ont beau chercher : les registres ne laissent quasiment aucun espoir de tomber sur un cycle aussi favorable. Et puis, prévoir avec certitude l'accalmie sur une durée aussi longue tient à l'époque, voire encore parfois aujourd'hui, plus du pari que du discernement. N'oubliez pas que nous sommes en 1944. La météorologie est alors une science rudimentaire. Elle ne s'appuie pas sur les moyens modernes dont nous disposons désormais pour préparer nos bulletins prévisionnels. Le premier satellite ne sera lancé par les Américains qu'à la fin des années 1950 !

Il faut donc faire avec les moyens du bord. Et les militaires sont contraints de revoir leurs exigences à la baisse. « Indiquez-nous une journée de temps calme sans trop de vents ni de nuages », ordonnent-ils en substance aux météorologues. En outre, les bombardements requièrent la clarté de la pleine lune et le débarquement sur les plages nécessite une marée à mi-hauteur à l'aube. En juin 1944, les possibilités ne sont pas légion. Deux fenêtres de trois jours sont identifiées. À partir du 5 juin d'abord, puis aux alentours du 19 juin. Tout repose désormais sur le climat. Et, il faut le reconnaître, sur une bonne dose de chance aussi. Le sort du plus audacieux débarquement militaire jamais organisé va finalement se jouer comme une vulgaire partie de dés. Que le ciel se montre favorable et l'opération sera lancée. Qu'il refuse sa clémence et tout sera à refaire. Des mois et des mois à planifier dans le plus grand secret l'opération, à l'entourer d'une extraordinaire campagne de désinformation et de diversion pour tromper l'ennemi : tout ça pour rien. C'est un pari contre vents et marées. Et personne ne connaît alors l'issue.

Tout au long du mois de mai, le général Eisenhower met l'équipe de météorologues à l'épreuve. Le commandant des forces alliées en Europe occidentale veut s'assurer de la pertinence de leurs prévisions. Les auspices sont favorables. Vers la fin du mois, le temps est étonnamment chaud le long du littoral britannique. Le thermomètre dépasse allègrement les 30 °C et la confiance, elle aussi, est au beau fixe. Malheureusement, à l'approche des jours fatidiques, le ciel se gâte de nouveau. L'anticyclone des Açores montre des signes inquiétants de faiblesse. Le solide rempart installé au milieu de l'Atlantique, qui protège les côtes européennes des perturbations océaniques, menace de se fissurer. Une série de dépressions n'attendent qu'une faille pour se ruer à travers l'Atlantique Nord jusque dans la Manche.

De toute évidence, la situation se complique. Et pour ne rien arranger, la rivalité des diverses équipes de météorologues transforme la rédaction de chaque bulletin en foire d'empoigne. S'appuyant sur des méthodes scientifiques différentes, elles ne sont d'accord sur presque rien et ne supportent aucun avis contradictoire. Leur rivalité est si forte que, même après la victoire, leur querelle d'ego se poursuivra sans perdre de son intensité. À travers livres et articles, les météorologues alliés se livreront, des années durant, une féroce bataille pour faire valoir leurs mérites et dénoncer l'aveuglement de leurs collègues. Le colonel James Stagg qui, en tant que chef du service météorologique, doit informer quotidiennement Eisenhower de l'évolution du temps, est conscient du drame qui se noue. « Si les enjeux n'avaient pas été aussi graves, tout cela aurait été risible », maugrée-t-il, abandonnant un instant son flegme tout britannique. « Nous n'étions d'accord sur rien, sauf sur le fait que Stagg n'était qu'un mauvais météorologue avide de gloire », racontera plus tard un membre des équipes. Quelle ambiance !

La situation à la veille du débarquement n'est pas des plus réjouissantes. Tous les éléments sont en place pour un véritable thriller météorologique. Il va se prolonger plusieurs jours sur le littoral anglais alors que les troupes attendent le signal, sans être informées – c'est une chance – des doutes qui assaillent leur état-major. Le débarquement est prévu pour le 5 juin. Tout est prêt : quelque 150 000 hommes sont sur le pied de guerre. Le 2 juin, le soleil brille encore. Mais certains des météorologues repèrent les premiers signes d'une détérioration à venir. Plus les heures passent, plus leurs prémonitions semblent se confirmer, même si l'unanimité est loin de régner dans les rangs. Face au gratin du commandement allié, James Stagg joue la prudence. Le sévère Écossais, au visage barré par une fine moustache, égrène les funestes informations qu'il a tant bien que mal rassemblées : vent violent, mer fortement agitée et plafond bas sont attendus pour le 5 juin. Dans la salle, les visages se figent à son écoute. Tous ont compris. L'affaire est entendue. Il est 21 h 30 le 3 juin, Eisenhower décide de reporter de vingt-quatre heures le débarquement.

Rebelote, le lendemain soir. Tous les chefs militaires sont réunis dans la bibliothèque de Southwick House, le manoir victorien non loin des côtes qui tient lieu de quartier général aux forces alliées. Quand James Stagg fait son entrée, un murmure de désapprobation l'accompagne. Comme dans l'Antiquité, on maudit autant le temps que le porteur de mauvaises nouvelles. Mais cette fois, alors que dehors la tempête s'abat avec fracas sur les vitres, le chef du service météorologique redonne l'espoir : une possible et brève accalmie se profile entre deux fronts. « Pour l'amour de Dieu, Stagg, débrouillez-vous pour maintenir vos prévisions et ne nous apportez plus de mauvaises nouvelles », lui glisse avec fermeté Eisenhower quand il quitte la salle.

Au petit matin, le 5 juin à 4 h 30, Stagg, qui n'a pas fermé l'œil de la nuit, écrasé par le poids des responsabilités, confirme ses prévisions. Il n'a pas le temps de terminer son bref exposé qu'Eisenhower lâche son fameux : « *Okay, let's go.* » Certes, les conditions ne sont pas idéales pour un débarquement. Elles sont même à l'extrême limite de l'acceptable au regard des critères fixés par les équipes de planification. Du vent, de la houle, il y en aura. Mais pour Eisenhower, le calcul est vite fait : repousser une nouvelle fois l'opération Overlord fait courir des dangers encore plus importants. La prochaine possibilité d'un débarquement ne se présentera pas avant deux semaines. Et tout ce temps perdu risque d'éveiller la vigilance de l'ennemi et de porter sévèrement atteinte au moral des troupes, impatientes d'en découdre.

Eisenhower n'est pas pour autant rassuré. Il fume cigarette sur cigarette. Les prévisions incertaines et les désaccords entre les météorologues, dont il a eu tout le loisir de mesurer la fragilité des anticipations au cours des semaines précédentes, ne sont pas faits pour le réconforter. Dans l'après-midi, le ciel est toujours couvert et le vent souffle par rafales. L'optimisme est en chute libre. Sous les arbres du parc agités par la tempête, Eisenhower a regagné sa roulotte de forain, dont il préfère le confort spartiate au charme bourgeois de Southwick House. Là, entouré seulement d'une pile de romans de cow-boy bon marché, ainsi que des photographies de sa femme et de son fils, il griffonne rapidement une note dans laquelle il endosse toute la responsabilité d'un éventuel échec. Si l'opération ne parvient pas à établir une tête de pont sur la côte normande, il en assumera seul les conséquences. Mais, comme le dit le proverbe, la chance sourit aux audacieux.

Tout fut cependant loin d'être idéal… Le 6 juin, les conditions climatiques sont déplorables. Elles compliquent fortement les manœuvres. Dans la nuit, les nuages bas et la mauvaise visibilité entravent les opérations aériennes. Les missions de bombardement des défenses côtières allemandes sont un échec total. La précision des largages laisse aussi à désirer : le vent disperse les parachutistes sur de larges étendues et les planeurs n'atterrissent pas toujours à proximité de leurs objectifs. Au lever du jour, la situation n'est guère plus encourageante. Le ciel est gris et pluvieux, la mer est sombre et agitée. Dans les navires, les soldats, affaiblis par le mal de mer qui les a malmenés pendant la traversée, n'ont qu'une hâte : mettre pied à terre pour combattre. « Ça remuait sans cesse, j'avais un mal de mer terrible et dès le début, j'étais impatient de descendre de ce bateau, peu importe ce qui m'attendait sur la plage. Je voulais descendre de ce bateau », raconte un vétéran. « Je me disais que si je devais mourir, autant que ce soit sur la terre ferme », se souvient un autre.

Le long du littoral, des vagues de 2 mètres les accueillent et ne facilitent pas les opérations de débarquement. Les soldats sont trempés et gelés jusqu'aux os, malgré leur tenue recouverte d'une cire imperméable. Les barges sont submergées par les vagues, de nombreux tanks amphibies sont emportés par les eaux et des hommes se noient. Certains, incapables de se relever à cause de leur gilet de sauvetage mal enfilé dans la précipitation, sont entraînés, d'autres se délestent de leurs armes pour pouvoir nager et se sauver. Les courants forts emmènent les barges et les troupes parfois loin des plages choisies. La catastrophe est cependant évitée. Malgré la résistance acharnée qu'opposent les Allemands, le débarquement est un succès. Au soir du 6 juin, les Alliés ont réussi à établir une solide tête de pont sur la côte. La libération de la France est lancée. Plus rien n'arrêtera les forces alliées.

Faut-il y voir pour autant le triomphe de la météorologie, voire la suprématie des scientifiques alliés sur leurs collègues allemands ? Pas si sûr, même si Eisenhower lui-même le pensait. À John Kennedy, qui lui succède à la présidence des États-Unis, l'ancien commandant aurait avoué que la réussite de l'opération était à mettre au compte de la supériorité des météorologues alliés. Cette petite phrase prononcée en janvier 1961 sur le chemin du Capitole, lors de l'investiture de J.F.K, a beaucoup fait pour asseoir le mythe. Mais cette légende tenace et habilement entretenue par les météorologues eux-mêmes a aujourd'hui du plomb dans l'aile. Des études scientifiques récentes ont démontré que le matin du 6 juin, il n'y eut pas de véritable accalmie entre deux fronts. Les météorologues anglais et américains se sont tout simplement trompés. Leur erreur aurait pu être fatale. Mais, dans leur infortune, ils furent sauvés par une brève et fragile atténuation heureuse de la perturbation et par l'aveuglement de l'ennemi. À l'aube du 6 juin, au cœur de la tempête, le vent faiblit légèrement, avant de se renforcer dans la journée. Juste au bon moment. Juste assez pour ne pas transformer le débarquement en un gigantesque fiasco.

L'erreur des météorologues alliés pourrait-elle se répéter aujourd'hui ? Sans doute pas. Les observations ont fait des progrès incommensurables depuis la fin de la Seconde Guerre mondiale. Néanmoins, nous oublions trop souvent que la météo n'est pas une science exacte. Le risque de se tromper fait pleinement partie de mon quotidien. Je fais une prévision à partir des données dont je dispose et des connaissances scientifiques qui me permettent de les interpréter. Je suis dans la situation du médecin qui établit un diagnostic. Je peux me tromper ; il m'est arrivé de me tromper. Ce n'est pas un échec, cela fait partie de mon métier. Je me souviens d'un jour où, avec le navigateur Bruno Peyron – le premier à réussir le tour du monde en moins de 80 jours –, nous devions convoyer un voilier du Lavandou à Marseille. Nous attendions pour partir. Le mistral soufflait. Soudain, j'annonce : « Ça va faiblir, allons-y ! » Patatras ! Le vent a continué de plus belle. « Va falloir assumer, m'ont dit les autres équipiers. On va te laisser la barre et débrouille-toi. » J'en ai été quitte pour une nuit agitée à me geler, des embruns pleins la figure.

Mais la société accepte de moins en moins le caractère faillible de nos prévisions. Les gens sont de plus en plus exigeants. Nos mauvaises interprétations ne sont plus considérées comme des erreurs, mais comme des fautes. On veut des certitudes là où nous n'avons qu'une probabilité à proposer. Le décalage est inévitable. J'essaie d'être le plus honnête possible. Mon credo, c'est la transparence. Lorsque je commets une grosse erreur de prévision, dès le lendemain, je fais mon *mea culpa* à l'antenne et je détaille les causes de ma méprise. Il ne s'agit pas uniquement d'une question d'honnêteté intellectuelle, d'intégrité, mais aussi d'une volonté pédagogique. Il faut sans cesse rappeler aux auditeurs et aux téléspectateurs que la météo n'est pas une science exacte. Et que, peut-être, elle ne le sera jamais. Je crois que le public est à même de le comprendre et donc de l'accepter. Souvent, on me dit : « Vous, quand vous vous plantez, au moins, vous le reconnaissez. » L'humilité devrait être inhérente au métier même de météorologue. Les spectaculaires progrès scientifiques accomplis au cours de ces vingt dernières années ne doivent pas nous aveugler.

Il y a aussi des erreurs heureuses ! La réussite de l'opération Overlord tient ainsi d'un favorable concours de circonstances, dont les météorologues alliés furent – bien malgré eux – les principaux architectes. C'est l'extraordinaire paradoxe du débarquement. À partir de prévisions erronées, qui annonçaient une accalmie entre deux tempêtes, Eisenhower a pris la bonne décision et ordonné le lancement de l'opération. *A contrario*, leurs homologues allemands ont vu juste, mais leur analyse a conduit Rommel à la mauvaise conclusion. Les bulletins allemands prévoyaient en effet la persistance d'un temps exécrable jusqu'au 10 juin. Persuadé que les Alliés se tiendraient tranquilles, le chef de la défense des côtes de la Manche était serein. Il a alors décidé de se rendre outre-Rhin pour célébrer l'anniversaire de sa femme. Tenter un débarquement par un temps pareil tenait de l'inconscience, les Allemands en étaient convaincus. Aussi ont-ils relâché leur vigilance : aucune patrouille ne fut envoyée en mer cette nuit-là. Ils n'avaient pas prévu qu'Eisenhower puisse être mal informé et se tromper en toute bonne foi.

Malgré, ou plutôt à cause de la météo défavorable, l'effet de surprise fut total. Les soldats ennemis, qui n'avaient pas anticipé le débarquement allié, furent pris au piège dans les premières heures. Quand ils prirent la mesure de leur erreur, il était trop tard. D'autant que les manœuvres de diversion avaient produit l'effet escompté. Les Allemands s'attendaient toujours à un autre débarquement dans le Pas-de-Calais et rechignaient à déplacer leurs armées. *A posteriori*, la décision d'Eisenhower apparaît encore plus pertinente. Car, lors de l'autre période envisagée, autour du 19 juin, les conditions météorologiques se révélèrent exécrables. Les ports artificiels de Saint-Laurent-sur-Mer et d'Arromanches en cours de construction furent frappés par une tempête d'une extrême violence, que les météorologues n'avaient pas vue arriver. Pendant cinq jours, les vents soufflèrent sans relâche sur la côte normande. Les installations, essentielles au ravitaillement en matériel et en munitions des forces alliées sur le continent, furent gravement endommagées. Les quais et les voies de déchargement étaient inutilisables, retardant de manière significative le soutien logistique. Les Alliés l'avaient échappé belle, même si, tout le long de la campagne de Normandie, la météo épouvantable freina encore leur avancée.

Si Eisenhower n'avait prononcé son fameux « *Go* » le matin du 5 juin, la poursuite de la guerre aurait été profondément changée. Qui sait quand les Alliés auraient pu débarquer ? Et combien dramatiques auraient été les conséquences de cet ajournement ? Pour toutes ces raisons, le vice-amiral allemand, Friedrich Ruge, décrivit, plus tard, l'ordre de lancer l'invasion le 6 juin comme « l'une des très grandes décisions de l'histoire militaire ». « Je remercie les dieux de la guerre que nous l'ayons fait au moment choisi », écrivit sobrement Eisenhower. Le temps et la météorologie, à son corps défendant, jouèrent un rôle essentiel dans cette prouesse stratégique.

1944 – La trouée de Belfort
Le coup de poker du général de Lattre

Dans les Vosges, l'hiver rigoureux et précoce stoppe l'avancée des armées alliées. Résolu à reprendre l'offensive, le commandant français tente un pari fou : enlever, sous la neige, le camp retranché de Belfort.

Cet épisode historique demande un arrêt dans les coulisses de Météo France. En 2014, l'établissement public a mis en service un supercalculateur, douze fois plus puissant que le précédent, pour améliorer la précision de ses prévisions. Ce nouveau système est capable de faire un million de milliards d'opérations par seconde. Depuis l'acquisition du premier outil de calcul, au début des années 1990, la puissance a été multipliée par 500 000. C'est tout simplement prodigieux ! Et ces ordinateurs surpuissants ont permis de faire un bond en avant phénoménal. Les prévisions météo à quatre jours sont aujourd'hui aussi fiables que les prévisions à trois jours dans les années 2000. On ne peut que s'en réjouir. Mais tout progrès n'a-t-il pas son revers ? Comme l'on craint que les réseaux sociaux n'affectent les relations amicales traditionnelles, il ne faudrait pas que cette évolution formidable nous détourne de l'observation de la nature, qui faisait la sagesse de nos anciens.

Quand je suis entré à l'école de météorologie, les premiers mois, nous ne faisions qu'observer. Reconnaître les boucles de cheveux des cirrus, les vagues moutonneuses des altocumulus, les cumulus en forme de gros chou-fleur, la brise de sud qui se calme à l'approche du mistral, les humeurs du baromètre : voilà ce que j'ai appris et ce qui me plaît vraiment dans la météorologie. Je ne boude pas le progrès de la technologie, bien au contraire. Les relevés de températures, les images radar et satellite, les modèles numériques de prévision sont essentiels à mon métier. Mais je ne veux pas perdre ce sens de l'observation. Alors, dès que je le peux, je m'échappe des écrans d'ordinateur et des studios de RTL et de TF1 pour retrouver la nature. Je fuis pour aller me ressourcer au vert, regarder le défilé des nuages, faire du planeur et entendre le bruit du vent dans les ailes, ou partir en mer et sentir la force des courants contre la coque du bateau. Tout en restant attentif aux moindres signes que m'envoient les éléments naturels.

Dans le panthéon des grands hommes, j'admire tout particulièrement ceux qui cultivaient ce sens de l'observation. Le général de Lattre de Tassigny fait partie de ceux-là. Ce militaire intuitif était un stratège hors pair. Il le devait à une extraordinaire acuité des sens. De Gaulle le dit très bien : « De Lattre, en chaque conjoncture, recherchait avant tout l'occasion. Ayant discerné, tout à coup, où, quand, de quelle façon l'événement pouvait surgir, il déployait alors, pour le créer et l'exploiter, toutes les ressources d'un riche talent et d'une énergie extrême. » Il en fit l'éclatante démonstration lors de la conquête de la trouée de Belfort en plein hiver 1944. Ce fait de guerre méconnu, qui pourtant fut décisif pour la libération de l'est de la France, est d'une audace inouïe et résume toute l'intelligence tactique du général français, basée sur l'appréciation des conditions climatiques comme sur celle des intentions de l'ennemi. Il a fait preuve, à mes yeux, d'une vraie stratégie de météorologue. Car de Lattre a fondé tout son plan sur l'utilisation des conditions climatiques épouvantables pour surprendre l'armée allemande.

Les faits se déroulent en novembre 1944. La France est coupée en deux par la guerre. Dans Paris libéré, le 11 novembre, de Gaulle et Churchill déposent ensemble une gerbe sur la tombe du soldat inconnu à l'Arc de triomphe. Après avoir observé une minute de silence, ils descendent à pied les Champs-Élysées, sous les acclamations bruyantes d'une foule en liesse. Sur les trottoirs, aux fenêtres, jusque sur les toits des immeubles, les Parisiens se sont amassés le long de l'avenue. Les « Vive de Gaulle ! » répondent aux « Vive Churchill ! ». Détendu, le Premier Ministre britannique, la canne à la main, salue les hourras en agitant vivement sa casquette sous le ciel gris. Porté par l'atmosphère enthousiaste, il rend hommage au général de Gaulle « pour le rôle capital qu'il a joué ».

Les Parisiens semblent avoir oublié les années d'occupation. Malgré le manque de beurre et de charbon, qui ravive leur légendaire mauvaise humeur, la vie ordinaire reprend ses droits. L'après-midi du 11 novembre, une vingtaine de généraux anglais assistent, au Parc des Princes, à un match de rugby entre les équipes de Paris et de la Royal Air Force. Comme la guerre paraît déjà loin pour eux ! Mais les apparences sont trompeuses. Ailleurs, les combats ne sont pas terminés. Dans les « poches de l'Atlantique » – dont j'ai souvent arpenté les vestiges –, les Allemands maintiendront leur occupation jusqu'au matin du 9 mai 1945. Les armées ennemies s'affrontent encore sur le territoire français, même si les Parisiens ont parfois tendance à l'oublier. Et pas si loin que cela… Dans les Vosges, toujours aux mains des Allemands, on est là pour se battre.

Tout l'est de la France sent diablement la poudre. La région est le théâtre d'engagements violents et meurtriers. Metz, Nancy, Strasbourg, Colmar, Belfort sont toujours sous le joug des nazis. « Il reste beaucoup à faire : l'ennemi foule encore le sol de France », a lancé de Gaulle, lors de sa visite, fin septembre à Besançon, tout juste libérée. Mais l'avancée des troupes est freinée. Confrontée à des problèmes de ravitaillement, la première armée française, sous le commandement du général de Lattre de Tassigny, a été sommée de ralentir l'allure. Sous un temps exécrable, elle est stoppée depuis plusieurs semaines dans le massif des Vosges. Protégée par cette défense naturelle, l'armée allemande s'est réorganisée et renforcée. Les assauts français se heurtent à une résistance féroce.

Les Allemands sont résolus à ne plus reculer. Hitler a donné l'ordre à ses généraux de tenir coûte que coûte le massif vosgien jusqu'au printemps suivant. Tirant profit du relief escarpé, ils ont entrepris d'importants travaux pour consolider leurs positions : une ligne d'ouvrages défensifs fortifiés a été érigée, des blockhaus et des plates-formes d'artillerie ont été construits, des fossés antichars et des tranchées individuelles creusés le long des routes, des champs de mines et barrages de barbelés mis en place, parfois avec l'aide des villageois alentour réquisitionnés de force.

Solidement retranchés derrière cette « *Winter Line* », comme ils l'ont baptisée, les Allemands peuvent compter, dès le début de l'automne, sur un allié de poids. L'été est à peine terminé que des pluies diluviennes et glaciales annoncent déjà l'arrivée de l'hiver. La météo épouvantable n'offre aux hommes aucun répit. Des nappes de brouillard couvrent chaque jour davantage le paysage et empêchent les Alliés, faute de visibilité, de faire donner l'aviation pour pilonner les positions ennemies. Sur un terrain détrempé, densément boisé et accidenté, l'avantage est indéniablement à la partie attaquée. Le mauvais temps ne laisse guère d'espoir de pouvoir enfoncer rapidement la ligne de défense adverse. « Les Français organisent le terrain et n'ont pas l'intention d'attaquer », note, confiant, un général allemand dans ses carnets. Tout laisse à penser que l'armée française va prendre ses quartiers d'hiver et temporiser en attendant le retour des beaux jours.

Confronté à des pluies incessantes et aux premières chutes de neige, de Lattre lui-même a abandonné toute velléité de franchir les Vosges après plusieurs tentatives infructueuses au cours du mois d'octobre. Les combats des dernières semaines ont été meurtriers ; les gains de terrain minimes et payés au prix fort. La conquête de chaque col, du plus étroit vallon, de la moindre crête fait l'objet d'une bataille acharnée qui se termine dans des corps-à-corps confus et sanglants. Sous les tirs nourris de l'artillerie allemande, les Français et les Américains sont à plusieurs reprises contraints d'abandonner des positions conquises de haute lutte. Les pertes sont légion dans les rangs.

Deux épisodes témoignent des conditions climatiques infernales et de la violence des combats où chaque mètre conquis est à lui seul un acte de bravoure insensé. La prise de l'éperon rocheux du Haut-du-Faing est un véritable enfer. Pendant douze jours, les goumiers marocains tiennent la position sous un déluge de feu et de pluie ininterrompu. « Il pleut toujours ! Nos gens sont transis ; ils ne peuvent ni manger chaud, ni dormir ; beaucoup ont la couleur verdâtre des cadavres », raconte un survivant. Tout autour, le paysage est dévasté par la mitraille. Les sapins sont hachés comme du petit bois. Les soldats n'ont pas le temps de creuser des tranchées et s'abritent dans des trous de fortune, que la pluie remplit aussi vite. Les mulets, qui montent les vivres et les munitions, redescendent dans la vallée des cadavres ficelés sur leurs dos. Du côté américain, la terrible bataille de Bruyères tourne également au cauchemar, lorsqu'un bataillon égaré est encerclé par les troupes allemandes. Le fameux « bataillon perdu » sans vivres ni eau est sauvé *in extremis*, à l'issue d'âpres combats menés dans le brouillard et le froid par un régiment de Nippo-Américains originaires d'Hawaï. Mais à quel prix ! L'unité hawaïenne est à son tour décimée.

Les Vosges sont un casse-pipe. Et l'hiver ne va rien arranger. De Lattre l'a compris. Les attaques répétées n'ont pas permis la rupture du front. La percée décisive pour gagner, de l'autre côté du massif, la plaine d'Alsace et les rives du Rhin n'a pas eu lieu. La logistique n'arrive pas à suivre : malgré la remise en état des lignes de chemins de fer, la première armée française manque de munitions. Les soldats africains sont éprouvés par la chute brutale des températures. Depuis le débarquement en Provence, mi-août, les troupes n'ont eu aucun répit. Elles ont remonté la vallée du Rhône à marche forcée pour profiter de la débandade allemande, enlevant d'une traite Toulon, Marseille, Lyon, Mâcon, Dijon et Besançon. Les intempéries et le froid, qu'endurent les combattants encore vêtus de leurs tenues d'été africaines, accentuent les souffrances. Certains tirailleurs, les pieds gelés, doivent être évacués vers l'arrière.

De Lattre et ses hommes sont contraints de temporiser. Ils ont besoin de temps pour acheminer essence, canons, chars et munitions. Mais aussi pour intégrer les combattants F.F.I. et les maquisards qui viennent relever les tirailleurs sénégalais, et pour mettre en place une nouvelle stratégie militaire. L'ancien jeune dragon qui, en 1914, chargeait sabre au clair, n'est pas homme à se résoudre à l'inaction. Pas question de rester immobilisé tout l'hiver à ronger son frein. De Lattre est déterminé à reprendre l'offensive malgré le froid qui sévit. Les Vosges se refusent à lui, tant pis ! Il les contournera par la trouée de Belfort, au sud du massif. Il compte ainsi prendre à revers les forces allemandes amassées dans les Vosges et ouvrir aux Alliés le passage vers les rives du Rhin.

Ce n'est pas une mince affaire. Belfort est un verrou, un camp retranché. La silhouette du *Lion* – sculptée par Bartholdi pour commémorer l'héroïque résistance française pendant les cent jours du siège de 1870 – se dresse sur les flancs du château pour le rappeler. Entourée de forts, la cité est un des maillons les plus imposants du système défensif frontalier, renforcé à la fin du XIXe siècle. De Lattre le sait. Les Allemands aussi. Pour eux, une attaque contre Belfort tient de l'opération-suicide. Depuis quatre ans, leur drapeau à croix gammée flotte sur la place fortifiée. Ils ont eu tout le loisir de renforcer les défenses de la cité. Les habitants sont résignés. La plupart des hommes de plus de seize ans ont été réquisitionnés et envoyés en masse en Allemagne pour faire tourner les usines du Reich.

Dans le plus grand secret, de Lattre prépare son offensive. Il mise sur l'effet de surprise maximum. Désinformation et diversion seront les clés de son stratagème, les conditions climatiques sa carte maîtresse. Dans les

Vosges, où il a suspendu les opérations offensives d'envergure, il exige de maintenir la pression sur les lignes ennemies. Tout doit être entrepris pour que les Allemands, pris au piège, concentrent le gros de leurs forces dans le massif, affaiblissant ainsi leur dispositif défensif dans la trouée de Belfort. Au vu et au su de tout le monde, les contreforts des Vosges deviennent une ruche, où l'agitation et les mouvements de troupe laissent présager la préparation d'une prochaine attaque. Des panneaux indicateurs, des postes de commandement factices sont installés. Sans aucune précaution de brouillage des ondes, les communications radio s'intensifient et relaient des informations erronées. Des instructions fictives annonçant des manœuvres tombent opportunément entre les mains des Allemands. De faux espions franchissent les lignes, munis de documents prétendus confidentiels.

Avec une perversion assumée, de Lattre fait même publier, la veille de l'attaque, de faux ordres de permission. Les Allemands tombent tous dans le piège tendu par le commandant de la première armée française. N'a-t-il pas lui-même rédigé une directive, délibérément diffusée sans retenue, dans laquelle il annonce qu'il faut continuer l'attaque dans les Vosges mais que, pour induire l'ennemi en erreur, il porte quelques unités dans la zone de Montbéliard, où il n'a pas l'intention d'attaquer. L'opération d'intoxication est un succès. Pendant les jours qui précèdent l'offensive, les convois de troupes quittent la zone des Vosges de nuit, tous feux éteints, vers les abords de la trouée de Belfort. Les armes et les munitions ont été dissimulées pour échapper à la vigilance des observateurs ennemis.

Tout est prêt. Même Churchill et de Gaulle sont présents. Depuis quatre jours, les deux hommes ne se quittent pas d'une semelle. Au matin du 14 novembre, ils débarquent du luxueux train spécial dans lequel ils ont voyagé toute la nuit en gare de Besançon, où les attendent de Lattre et son épouse. Ils prennent ensuite la route de Maîche, dans le massif du Jura, à une dizaine de kilomètres de la frontière suisse, un village entouré par les collines où de Lattre a installé son Q.G. Les routes sont recouvertes d'une épaisse couche de givre. À plusieurs reprises, les voitures, sur lesquelles on a oublié de monter des chaînes, sont bloquées par les congères. Sans distinction de grades, les hommes descendent pour pousser les véhicules. Malgré la neige qui tombe à gros flocons, de Gaulle est affable et de bonne humeur. « Le général était impatient de me montrer l'attaque à grande échelle planifiée par de Lattre », racontera Churchill. Mais finalement l'assaut est reporté. Les conditions sont trop épouvantables. Empêchée par la tempête et le brouillard, l'artillerie ne voit rien au-delà de quelques mètres.

Dans son uniforme de maréchal de l'air, Churchill, transi de froid, tremble comme une feuille. La délégation britannique craint pour la santé du Premier Ministre. Sa fille Mary, qui participe à l'expédition, a du mal à masquer son inquiétude. À plusieurs reprises, Churchill a été victime de pneumonies, dont la dernière en décembre 1943, en Afrique du Nord, a manqué de le terrasser. Au déjeuner, à l'hôtel du Lion d'Or, il faut lui disposer une bouillotte sur les pieds et une autre dans le dos pour tenter de le réchauffer. Les eaux-de-vie font le reste. Au cours du repas, Churchill porte un toast à la première armée française et à son « général rusé ». De Gaulle l'imite et lève son verre au « Clemenceau de cette guerre ». L'atmosphère détendue de la rencontre ne laisse en rien présager l'imminence de l'attaque. L'abondante couverture de presse qui en est faite donne à entendre à l'ennemi que les Alliés n'ont rien à cacher.

Au château de Montalembert, perdu au milieu de ses cartes, de Lattre détaille les préparatifs et les plans de l'offensive vers Belfort, entre les Vosges et le Jura. Son assurance n'efface pas les doutes. Parmi les Britanniques, nombreux sont ceux qui pensent, sans le dire, que l'attaque est une pure folie : le temps est désastreux, les troupes en ont plein les bottes et sont tenues en échec depuis un mois et demi. Sur la route du retour, Churchill et de Gaulle font halte au camp d'entraînement du Valdahon. Dans une ambiance sépulcrale, au milieu des baraquements, les hommes défilent en chantant, les pieds dans la boue, la tête couverte de neige. En repartant, Churchill, son éternel cigare dans sa main gantée, apostrophe de Lattre : « Vous n'allez tout de même pas faire attaquer par un temps pareil ? – Il n'en est pas question, monsieur le Premier Ministre », lui répond le commandant de la première armée.

Le lendemain matin, le 14 novembre, l'attaque est lancée dans la boucle du Doubs sous un intense feu d'artillerie. Le temps est à peine meilleur. Il fait un froid de gueux. Le ciel est couvert de nuages menaçants et le paysage enfoui sous la neige. Mais l'effet de surprise est total. L'ennemi ne s'attendait certainement pas à un assaut en plein hiver. Plusieurs heures après le début des hostilités, l'état-major allemand persiste à croire qu'il ne s'agit que d'un leurre, d'une tentative de diversion pour le contraindre à délaisser le massif vosgien où il guette toujours le déclenchement de l'assaut décisif. La défense est complètement désorganisée par l'offensive dont la soudaineté surprend, d'une rafale de mitraillette, un général allemand en pleine tournée d'inspection. L'avancée des troupes françaises n'en est pas moins pénible sur un terrain rendu impraticable par les intempéries. Sur les pentes, le sol glissant rend la marche des soldats périlleuse. Certains passages sont infranchissables à cause des crues. Les chars s'embourbent sur les routes détrempées et défoncées.

Les affrontements sont violents, mais les défenses ennemies, surprises par cette offensive menée dans des conditions climatiques épouvantables, sont rapidement enfoncées. Broyées par l'attaque, elles s'enfuient vers Belfort. Montbéliard tombe le 17 novembre, le jour même où, à une vingtaine de kilomètres de là, le dernier convoi de déportés quitte Belfort – encore aux mains des Allemands – pour les camps de concentration. Deux jours plus tard, les soldats français pénètrent dans les faubourgs de la ville fortifiée. Pendant cinq jours, la cité est le théâtre d'intenses combats pour réduire les îlots de résistance. Les forts sont assaillis un à un. Les troupes et les chars français sont pris pour cible. La *Brasserie Georges* est transformée en hôpital de campagne. Planqués aux coins des rues, aux abattoirs, à la gare de marchandises, SS et miliciens offrent une opposition acharnée. Le château, où les unités allemandes enfermées refusent de se rendre, est le dernier bastion à tomber.

Aussitôt la population, terrée depuis des jours au fond des appartements, envahit les rues, improvisant des danses frénétiques et étreignant ses libérateurs. Devant le magasin *La Ménagère*, la foule fait la queue pour acheter des drapeaux tricolores et tend aux soldats des bonnes bouteilles, dont on avait oublié l'existence au fond des caves. Les cloches sonnent à toute volée pour célébrer l'audacieuse offensive hivernale, imaginée et imposée contre l'avis de tous par de Lattre.

PARTIE II

CRISES ET RÉVOLTES

1709 – Le Grand Hiver
La dernière audace de Louis XIV

Le froid glacial a échaudé les esprits et vidé les caisses. Pour ne pas raviver la colère du peuple, le roi crée un impôt égalitaire. C'est une provocation pour la noblesse et le clergé.

Jamais souverain n'a plus mal porté son surnom. Tout au moins pour le météorologue que je suis, plus enclin à suivre la course des astres dans le ciel que sur la terre. Le règne du Roi-Soleil est une succession de calamités climatiques. Les chroniques de l'époque ne rapportent que pluies diluviennes, étés maudits, gels à pierre fendre et printemps épouvantables… La Seine donne le ton de ce siècle. À la forte crue de 1651, s'ajoute celle de 1658 qui aurait atteint une cote supérieure à celle de 1910. Dans son courroux, elle emporte le pont Marie, qui mène à l'île Saint-Louis, et les maisons dressées sur ses arches. Puis, c'est au tour du petit âge glaciaire d'entrer en scène, avec son lot de souffrances. Les mauvaises saisons se succèdent. Et à chacune se joue le même drame funeste : temps détraqué, récoltes affectées, pain trop cher, campagnes dépeuplées par la famine, révoltes sporadiques nourries par le désespoir. Le cycle infernal se répète inlassablement. Rien de neuf sous ce temps infect.

Vous me direz, tout cela se passait il y a trois siècles, et beaucoup d'eau a coulé sous les ponts depuis. Or il est important de rappeler ces événements, car nous avons du mal à saisir à quel point le destin du peuple français est depuis toujours dans la main de la nature. Une mauvaise saison, c'était la catastrophe. De nos jours, plus personne ne s'inquiète de savoir si la sécheresse ou les inondations vont vider les étals des supermarchés. Mais cela ne fait pas si longtemps que cela... Enfant, je passais souvent une partie de mes vacances chez ma grand-mère paternelle. Elle tenait une petite échoppe sur les bords de la Rance, près de Dinan, où les habitants du village venaient faire leurs courses et manger une galette. L'odeur de la pâte cuite a parfumé mes souvenirs. Dissimulée derrière ses cheveux blancs, ma grand-mère était une taiseuse. Elle ne parlait pas beaucoup. Pourtant, parfois, elle laissait percer son inquiétude.

Elle était soucieuse de l'approvisionnement en farine, se souvenant de cette période où, jusque dans les années 1950, on voyait parfois des files d'attente aux portes des boulangeries. Le rationnement du pain, dont la consommation des Français était deux fois plus élevée qu'aujourd'hui, n'a cessé qu'en 1949. Mais le manque de farine s'est fait sentir encore longtemps après. Les années d'après-guerre étaient une période de pénurie. La France était pauvre. La société de consommation n'est arrivée que dans les années 1960. Ces temps nous semblent déjà lointains, tant les rendements des cultures et la mécanisation ont fait des progrès spectaculaires. Un agriculteur nourrit aujourd'hui 60 personnes, contre 15 en 1950. Néanmoins, les moissons, ne l'oublions pas, restent toujours dépendantes du climat.

De la même façon que cette disette a profondément marqué ma grand-mère, quand survient le Grand Hiver de 1709, les affres de la terrible famine de 1692-1694 font encore, à leur simple évocation, frémir les âmes les moins sensibles. On a vu en ces années-là, à cause des désordres du ciel, tant de misère par les campagnes : des cadavres d'enfants morts de faim abandonnés dans les prés, des hordes de mendiants hagards errant sur les chemins et se jetant sur les épis encore verts dans les champs, des affamés déterrant les cadavres des animaux morts et dévorant des charognes puantes de chiens et de chevaux, des ventres enflés par les exécrables pains de glands et de fougère, des loups rôdant aux abords des villages, autour des corps affaiblis que consume le « mal des ardents », ce lent empoisonnement dû à un champignon céréalier… Dans les cités, d'où les paysans faméliques sont refoulés sans ménagement, le mécontentement gronde et tourne à l'émeute contre les marchands de grains et les représentants de l'autorité.

Malgré les distributions royales de pain à Paris, la contestation touche même à la personne du souverain. Cette histoire me passionne ! J'en ai lu des rapports intéressants : « Vos peuples, que vous devriez aimer comme vos enfants [...] meurent de faim. [...] La France entière n'est plus qu'un grand hôpital désolé et sans provisions », écrit Fénelon à Louis XIV. Sous le couvert de l'anonymat, la missive est une violente charge contre le pouvoir royal. Précepteur du petit-fils de Louis XIV, Fénelon attribue au souverain les malheurs du peuple : « C'est vous-même, Sire, qui vous êtes attiré tous ces embarras. » Après le printemps et l'été pluvieux de 1693, la sécheresse persistante de l'hiver suivant entraîne de nouveau les prix des grains à la hausse. À court de remèdes, on ne sait plus à quel saint se vouer. Les châsses des patrons de la ville de Paris, sainte Geneviève et saint Marcel, sont portées en procession à Notre-Dame. Et miracle ! La pluie tombe le soir même. L'orage a passé, laissant derrière lui un paysage dévasté. La population est décimée. Dans un pays qui compte à peine 20 millions d'habitants, la famine et son cortège d'épidémies ont fait 1,3 million de morts. Presque autant que la future Première Guerre mondiale. Comment peut-on nier l'impact de la météo dans l'Histoire ?

Le pays n'a pas eu le temps de se remettre de cette hécatombe que l'inquiétude ressurgit. À peine quinze ans ont passé depuis la grande famine. Et les médiocres récoltes de 1707 et 1708 augurent de nouveaux temps difficiles. L'angoisse monte. La misère financière, qui accable les paysans et les artisans, accroît les craintes. Depuis des années, le peuple est mis à rude contribution. Les impôts et les taxes s'accumulent pour soutenir l'interminable guerre que livre le royaume depuis plus de deux décennies contre l'Europe coalisée. Le sol n'a pas encore gelé que la disette étend son ombre sur le pays. Début janvier, l'hiver assaille soudainement les campagnes. Le jour des Rois, les températures dégringolent jusque -20 °C. Du nord au sud, tout le pays est saisi par un froid polaire. De mémoire d'homme, on ne se souvient pas d'un hiver aussi rigoureux.

Les fleuves sont pris par les glaces, les rivières charrient des glaçons gros comme des maisons. Même la mer prend des allures de banquise le long du littoral. Dans les campagnes, les chênes séculaires se fendent avec fracas, les oiseaux gelés en plein vol jonchent le sol. Alors que le vin glace dans les carafes et que le pain devenu dur comme pierre doit être coupé à la hache, les hommes ne peuvent être épargnés. Les maisons sont des glacières.

L'air de Sibérie pénètre les corps. « J'ai vu mes paroissiens à l'église ayant tous les cheveux et la barbe toute blanche et leurs haleines qui glaçaient en sortant de leurs bouches », raconte un curé. Les plus faibles succombent. Chaque matin, on retrouve dans les rues des villes des cadavres givrés. Un jour, à une porte de Paris, se présente même un cheval qui porte en selle un homme gelé. Les secours sont impuissants. De grands feux brûlent devant les édifices publics.

Cet hiver terrible semble ne pas vouloir prendre fin. Par vagues successives, il étend son emprise. Aucune culture n'est épargnée. Les semailles sont perdues. La vigne est détruite. Les branches des oliviers sans vie cassent comme du verre. Les châtaigniers dépérissent. Les noyers se lézardent jusqu'à la racine. Les arbres fruitiers n'ont plus de sève. Tout ce que la terre porte est anéanti par le froid. Comme quinze ans plus tôt, sans attendre le dégel, la famine, fidèle compagne des calamités climatiques de ces temps-là, pointe sous la glace. Les greniers sont vides, le prix du pain augmente à chaque nouvelle gelée, les chardons crus, le potage de gui et d'ortie, les miches de substitution à base de coquilles de noix ou de racines de chiendent refont leur apparition sur les tables. Sans parler de cette terreur de la faim qui précipite certains sur les chemins, prêts à toutes les exactions.

La panique s'empare du pays. Le pain quotidien qui, trempé dans la soupe de légumes, constitue la seule nourriture du peuple, est une angoisse. « J'ai été assiégé par cinq ou six cents pauvres, qui ont les visages cousus et livides, les viandes horribles dont ils se nourrissent produisant sur leurs visages un limon qui les défigure étrangement », rapporte l'un. « Les paysans de la campagne, privés de toute sorte de travail, sont dans les rues, faibles et languissants, le visage pâle, décharné, et ne trouvant point d'aumônes. Les plus riches les leur refusent sous prétexte qu'ils contribuent à la subsistance des pauvres qui sont renfermés dans les hospices », note un autre. « La désolation était partout », résume Voltaire. Sans distinction de classe ni de richesse, elle fait son lit. Le désespoir encourage ceux qui possèdent encore quelques grains à cacher leur précieux trésor dans des cheminées qu'ils font murer. Il force les plus miséreux, que toute vigueur et espérance ont abandonnés, à se précipiter dans les étangs avec leurs enfants. Et partout, il pousse les paysans affamés à quitter les campagnes stériles. Regroupés en bandes armées, ils attaquent les convois de blé protégés par l'armée, forcent les portes des greniers et des boulangeries, et s'en prennent avec violence aux supposés spéculateurs et aux négociants, faisant régner partout la peur.

Les intendants de toutes les provinces du royaume font état, dans leurs rapports, de la contagion de la révolte. Dans les villes, où résonnent le timbre lugubre des cloches annonçant les convois funèbres et les gémissements nocturnes des mourants, les soupes populaires et les distributions de pain ne suffisent pas à éteindre les émeutes et la misère. L'évêque de Chartres rapporte que « les hommes mangent comme des moutons et crèvent comme des mouches ». Les autorités s'emploient à arranger les choses sans grande imagination. C'est la carotte ou le bâton. Des ordonnances invitent les habitants à déclarer la quantité de grains et de farine qu'ils possèdent et suspendent les droits et taxes perçus sur les denrées alimentaires. Pour les contrevenants et autres réfractaires, les châtiments sont exemplaires. Les corps des émeutiers jugés et pendus sont accrochés aux gibets des « fourches patibulaires », le long des grands chemins. La belle leçon que voilà ! « Le peuple, quand il sent qu'on le craint, en devient plus insolent et plus méchant, et il le faut punir pour le calmer », écrit un procureur du roi.

De tout le printemps et l'été, il ne se passe pas une semaine sans que de nouvelles explosions de colère soient signalées. Même Paris, objet de toutes les attentions du roi et de ses ministres, est le théâtre d'explosions sporadiques. « Il n'y a point de jour de marché où la cherté du pain n'excite quelque sédition », y écrit Boileau. Comme ailleurs, les femmes qui tiennent les cordons de la bourse portent la contestation. Ce sont elles qui se rendent en cortège jusque dans la cour de Marbre à Versailles pour réclamer du pain sous les fenêtres du roi – leurs petites-filles feront de même quatre-vingts ans plus tard ! Ce sont elles qui poursuivent le lieutenant de police d'Argenson de leur rancœur, jusqu'à le contraindre à trouver refuge dans son hôtel particulier. Ce sont elles encore qui, par leurs protestations, échauffent les ouvriers des ateliers, qui s'en vont saccager les boulangeries et piller les entrepôts de grains. La troupe est obligée d'user des armes pour faire taire la colère.

Quand on songe qu'à l'époque de Louis XIV on récolte cinq grains pour un grain semé, on comprend qu'à la moindre intempérie, il ne reste plus grand-chose pour se nourrir. Il faut se partager les miettes. Inquiet des désordres qui menacent de s'étendre à l'ensemble du royaume, le monarque a fait acheter de grandes quantités de blé à l'étranger et prescrit de fixer le prix du pain pour combattre l'inflation. Ces mesures sont bien minces pour calmer les troubles. Et les pamphlets à l'adresse du roi se font acides. En voici un sur le modèle du Notre Père : « *Donnez-nous notre pain, qui nous manque de tous côtés. / Pardonnez à nos ennemis qui nous ont battus / Et non à vos généraux qui les ont laissés faire. / Ne succombez pas à toutes les tentations de la Maintenon / Mais délivrez-nous de Chamillart.* »

Au Conseil, où les ministres entourent un souverain vieillissant et de plus en plus influençable, une atmosphère de crise règne. Sous la pression du peuple et les manigances de la Cour, l'incompétent Chamillart, proche de la maîtresse du roi, est mis au ban. Le découragement est palpable. Le duc de Bourgogne, petit-fils de Louis XIV, verse quelques larmes à l'écoute des malheurs qui affligent le peuple. Mais ne nous y trompons pas, le pouvoir royal est moins déprimé par la misère de ses sujets que par l'état désastreux du Trésor royal en ces temps de guerre aux frontières…

Le contrôleur général des Finances Desmarets, qui a remplacé Chamillart, remet à Louis XIV un rapport accablant : les caisses de l'État sont vides. Le tableau qu'il dresse du pays est sombre. Un peu partout, les évêques appellent à suspendre les impôts royaux pour soulager la misère. De toute façon, avec le Grand Hiver qui a réduit à néant les récoltes et leurs revenus, les paysans ont les poches vides. « L'excessive cherté des blés les force à se réduire au nécessaire pour vivre », constate amèrement Desmarets. Plus aucune recette ne tombe dans les caisses. C'est un désastre : l'État n'a plus les moyens de sa politique militaire. Pour financer l'effort de guerre, Louis XIV est contraint de faire fondre sa vaisselle d'or, c'est dire ! De nombreux grands du royaume l'imitent. Mais ces contributions ne sont qu'une goutte d'eau dans la tempête.

Quelques années plus tôt, après la grande famine des années 1692-1694, le royaume avait créé un nouvel impôt, « la capitation », pour remédier à la mauvaise situation des finances. Une telle solution est inenvisageable en ces temps de disette. Elle ne ferait que jeter de l'huile sur le feu des colères qui couvent. « Dans cette agitation, il a fallu les ménager ; il y aurait eu de l'imprudence à exiger les impositions ordinaires sur des hommes qui manquaient de pain », reconnaît Desmarets. Et de conclure : « La disposition d'esprit de tous les peuples est mauvaise. [...] À tous ces maux, il n'est possible de trouver des remèdes que par une prompte paix. » La plupart des ministres le soutiennent dans son analyse. Mais les négociations tournent court. Face à l'intransigeance des Hollandais, des Anglais et des Autrichiens, le roi se résigne à reprendre le fil de la guerre. Pour s'attacher le soutien du peuple, Louis XIV fait lire, dans toutes les églises de France, un message qui impute la poursuite du conflit à l'ennemi.

Un an plus tard, la situation a bien changé. Même si l'État est toujours au bord de la banqueroute, l'hiver et le printemps plus cléments ont ramené le calme. La récolte de 1710 a été bonne, le pain est revenu sur les tables. Et de la même manière qu'une mauvaise moisson a tôt fait de plonger le pays dans le désespoir, une heureuse récolte efface aussi vite les soucis passés. L'opinion publique varie au gré de ses aigreurs d'estomac et, par extension, du climat ! Le pouvoir est encouragé à reprendre l'initiative pour soutenir l'effort de guerre. Après bien des hésitations, le roi, qui craint de nouvelles émeutes, revient sur ses largesses. En octobre, il fait lire dans chaque paroisse un nouvel appel au patriotisme, qui annonce un tour de vis fiscal. Louis XIV justifie la création de ce nouvel impôt par la volonté obstinée de l'ennemi de poursuivre la guerre. Malgré la misère du peuple, il n'est, pour le roi, pas de décision plus juste et plus convenable que de demander à ses sujets le dixième du revenu de leurs biens.

Le peuple, dont on pouvait craindre les accès de colère, ne se manifeste pas. Le caractère égalitaire – la noblesse et le clergé ne bénéficiant d'aucune exemption – et proportionnel de l'impôt apaise quelque peu les esprits, encore marqués par les rigueurs du Grand Hiver et affaiblis par une nouvelle saignée démographique. Il n'en est pas de même pour la noblesse.

La réaction contre le roi, son ministre Desmarets et cet impôt indigne ne tarde pas. Ce n'est pas une guerre ouverte. C'est une lutte d'influence qui se joue dans les couloirs de Versailles. Les privilégiés font assaut de mauvaise volonté et de pressions. Le clergé, par de multiples recours et subterfuges, réussit à échapper au paiement du dixième. La noblesse lui emboîte le pas en traînant des pieds. Le pouvoir royal n'a ni les moyens de procéder à un contrôle efficace des déclarations, ni la détermination suffisante pour imposer sa volonté aux plus récalcitrants. Il a besoin du soutien du clergé comme de la noblesse. Le recouvrement du dixième est une immense déception. Les résultats sont bien inférieurs aux sommes escomptées. Seul le petit peuple, première victime des affres du Grand Hiver, est véritablement mis à contribution. C'est la double peine ! La prochaine fois, il ne s'en laissera pas conter…

1789 – La Révolution
L'orage qui annonce des temps troublés

Sécheresse, grêle, froid, inondation : tout y passe. Dans les mois qui précèdent la Révolution, les désordres du climat créent un terreau fertile, propice à l'explosion du mécontentement populaire.

Quand j'arrive à Météo France en ce matin de 1983, tout frais émoulu de l'école de météorologie, les orages sont à la fête. N'y voyez pas une relation de cause à effet. Tout l'été, ils se sont abattus violemment sur les campagnes. Bretagne et Auvergne ont été frappées de plein fouet. Sans surprise, les campings ont été les plus malmenés, des maisons endommagées et des régiments militaires ont parfois été appelés à la rescousse. Mais un événement a surtout retenu mon attention de jeune météorologue. Fin juillet, un front orageux a traversé la France, des Pyrénées à la frontière belge. Accompagné de rafales de vent à décorner les bœufs et à soulever les toitures, cet épisode a ravagé l'Aquitaine et le Poitou-Charentes, avant de poursuivre sa course vers le nord-ouest. Toute une bande de terrain de quelques kilomètres de large a été dévastée. Les arbres ont été étêtés comme si une armée de bûcherons avait séjourné dans les forêts, des champs se sont fait moissonner en un éclair, des clochers renverser sans avoir eu le temps de sonner le tocsin, des hangars et des usines se sont aplatis comme une tente de camping. Par miracle, il n'y a pas eu de victimes.

À la vue de la campagne saccagée, on se serait cru soudain précipité dans une machine à remonter le temps jusqu'aux années prérévolutionnaires. Les dégâts, en effet, n'ont rien eu à envier à ceux qui ont été causés par le phénomène qui, selon les historiens, a marqué les débuts de la Révolution française. Nous avons un peu trop tendance à l'oublier : la nature se moque du progrès de la civilisation. Elle se rappelle régulièrement à notre bon souvenir. Nous avons beau mieux la connaître, avoir mis le pied sur la lune, avoir inventé la pénicilline, avoir aboli la peine de mort, et que sais-je encore, ce n'est pas ça qui va transformer une tempête en une agréable brise printanière. De nos jours, nous avons la tentation de croire que nous pouvons mettre la nature sous cloche. Et pour un peu, nous serions prêts à manifester contre les inondations ou les tornades. Mais dans sa brutalité, la nature nous rappelle, que nous le voulions ou non, qu'elle aura toujours le dernier mot. Il en est ainsi au XXIe siècle comme en 1788.

Le 13 juillet 1788, un an avant la Révolution, c'est donc un sacré orage qui traverse la France, de l'Atlantique à la mer du Nord, comme une meute en furie, piétinant et broyant tout sur son passage. Au point de marquer les chroniques. Jamais on n'avait vu une grêle pareille. Des vignes hachées menu comme du petit bois, des fruits encore verts réduits en compote, des moissons passées à la moulinette en plein champ, des bestiaux couverts de coups comme s'ils descendaient du ring… En moins de temps qu'il n'en faut pour cuire un œuf, l'orage engloutit toutes les espérances d'une année. Là où la tempête est passée, tout est anéanti. Certaines maisons, granges et moulins ne sont plus que ruines. « Ce n'était pas une grêle, c'était un déluge d'énormes glaçons d'une extrême dureté », rapporte un observateur. Les grêlons sont tombés comme des volées de projectiles, aussi aiguisés que des flèches, aussi lourds que des boulets.

Sans prévenir, la tempête a surgi au cœur de la canicule estivale. En un instant, le ciel s'est obscurci. Un ouragan d'éclairs et de tonnerre déferle brusquement sur les campagnes. En plein jour, il fait nuit noire comme au plus fort d'une éclipse de Soleil. Les animaux affolés courent sans direction à travers les champs. C'est le premier acte de la tragédie. Le vent fougueux souffle en rafales dévastatrices et, dans son sillage, des gerbes de grêle s'abattent avec fracas. Les glaçons ricochent comme des balles sur la terre et les toits, dans un tumulte aussi assourdissant qu'un cortège de carrosses roulant sur les pavés. Les coups démultipliés brisent les vitres, fendillent les tuiles, transpercent les ardoises et pulvérisent les serres dans les jardins. Fin du deuxième acte.

Pour le météorologue d'aujourd'hui, ce puissant coup de balai est un phénomène bien connu. Il est comparable à un *derecho*, un épisode orageux d'une rare violence, plus fréquent dans les grandes plaines américaines du Midwest que sous nos latitudes. Mais à l'époque, l'étude du climat est encore dans les limbes. Depuis l'Antiquité, les progrès sont maigres. Un des rares scientifiques à s'intéresser au phénomène se contente d'en faire une description détaillée et de mesurer la taille des grêlons. Il raconte que l'obscurité du ciel l'oblige à s'éclairer d'une lampe en plein jour. Il distingue trois sortes de glaçons : les uns irréguliers comme des cristaux, les autres ronds comme des billes, les derniers allongés comme des stalactites. Quoi qu'il en soit, vous pouvez imaginer que, pour le paysan de 1788, ces explications scientifiques sont une bien piètre consolation. Pour lui, l'orage est tout simplement une malédiction. Lui dont la vie, que dis-je, la survie, est attachée à la prochaine récolte.

Pour comprendre un tant soit peu son affliction, il suffit de jeter un œil au-dehors. Le front s'est divisé en deux traînées parallèles, distantes d'une vingtaine de kilomètres. Elles ont creusé deux sillons à travers les provinces du royaume. Des arbres sont déracinés, des maisons effondrées, les cultures saccagées et les cheptels dévastés. Certains animaux, piqués par la panique, se sont jetés de désespoir dans les rivières et se sont noyés. Dans l'air encore empli de nuages de vapeur et de brouillard, les grandes et riches plaines du Poitou, de Touraine, de Beauce, du Vexin et de Picardie offrent au regard un paysage de désolation. Comme au lendemain d'une effroyable bataille. Comme si une armée ennemie affolée avait dévalé à travers champs et bois. Plus de mille paroisses sont durement touchées.

L'orage n'est pas passé inaperçu à la Cour. Au domaine de Rambouillet, qu'il a acquis quelques années auparavant pour en faire sa résidence de chasse, Louis XVI est aux premières loges. Plus de onze mille carreaux du château ont volé en éclat et, dans le parc, un millier d'arbres gisent à terre. Instruit sur les déboires accumulés par le royaume à chaque catastrophe climatique depuis un siècle, le pouvoir royal est sur le qui-vive. Avec une habileté politique qui n'a pas toujours été son fort, Louis XVI s'empresse de faire étalage de sa sollicitude. « Le roi, profondément affligé du fléau qui vient de frapper, n'a cessé d'éprouver, en apprenant les détails d'un si grand malheur, le besoin de secourir, par tous les moyens qui sont en son pouvoir, ceux des cultivateurs qui ont le plus souffert », rend compte le *Journal politique*. Le roi n'a guère les moyens de faire beaucoup plus. Son empressement se heurte à la dégradation des finances. Le poids de la dette est si lourd qu'il empêche tout secours d'envergure. Cela vous rappelle quelque chose ?

C'est bien connu, en France, quand on n'a pas d'argent, on a des idées ! L'imagination est déjà au pouvoir. Et, quinze jours après la catastrophe, le Conseil, tout en pressant l'ensemble du royaume de faire œuvre de bienfaisance, lance une loterie géante en faveur des provinces dévastées par la grêle. Des dégrèvements d'impôts royaux sont accordés ; les scientifiques sont appelés en renfort. Siégeant à la toute récente Société royale d'agriculture, l'agronome Parmentier délivre ses instructions aux cultivateurs pour sauver ce qui peut l'être de leurs récoltes. L'infatigable promoteur de la pomme de terre a le sens de la publicité. Lui qui a organisé tant de dîners, où il conviait le Tout-Paris à goûter ce légume fort peu apprécié, ne manque pas l'occasion de promouvoir la culture du tubercule, capable en pleine floraison, écrit-il, de braver la grêle. Mais ni les conseils éclairés, ni les aides royales ne suffisent à rassurer le petit cultivateur qui n'a plus de blé à récolter pour nourrir sa famille, ni d'avoine à engranger pour ses animaux, et pas davantage l'ouvrier des filatures, qui n'a plus de chanvre ni de lin pour travailler. De nouveau, comme tout au long du siècle, la disette tend ses bras.

Il serait tentant pour le météorologue de voir dans cet événement climatique les prémices de la Révolution, qui éclate un an plus tard. Un orage en annonce un autre : le raccourci est romanesque et séduisant. Mais mon intention n'est pas de courir à travers ces chemins de traverse. Les causes de l'effondrement de la monarchie sont connues. Les historiens en débattent depuis fort longtemps. Leurs analyses, bien que parfois contradictoires, mettent en évidence un faisceau d'origines. La charge de la dette qui entraîne l'État au bord de la banqueroute, l'influence des philosophes des Lumières dont les écrits dénonçant l'absolutisme gagnent en radicalité, la grogne des parlements contre l'autorité royale, la misère des paysans ployant sous le joug des petits seigneurs qui s'agrippent à leurs droits féodaux, la noblesse arc-boutée sur la défense de ses privilèges… Tout cela concourt à la chute du roi et à la mise à feu de la machine révolutionnaire. Il n'en reste pas moins que les mauvaises conditions climatiques, dont la tempête de grêle de juillet 1788 est la manifestation la plus spectaculaire, nourrissent le mécontentement populaire. Elles créent un terrain propice à l'éclosion de la fronde.

La Révolution de 1789 est en effet précédée d'une série de saisons totalement déréglées. Lors du printemps de 1788, une rigoureuse sécheresse sévit. Le déficit de pluie est conséquent. Il affecte de plein fouet la croissance des blés. Au cours de l'été, la chaleur n'est apaisée que par les pluies diluviennes. Celles-ci provoquent des inondations dans le Sud et le fameux orage du

13 juillet, qui douchent un peu plus les attentes des paysans. Leurs craintes sont malheureusement fondées. Les mauvaises récoltes poussent les prix des grains à la hausse dès la fin de l'été. Et l'automne sec n'arrange pas les affaires. Les bateaux chargés de charbon de bois, destiné à alimenter le feu des forges et les trains, que les mariniers poussent avec leurs longues perches, sont arrêtés sur la Loire et la Seine. Le manque d'eau leur interdit de poursuivre plus avant.

À Paris, la Seine fait peine à voir. Il y a moins de 20 centimètres d'eau sous les ponts. Il faut savoir qu'à l'époque, il n'existe pas encore de barrages sur la Seine et ses affluents qui permettent de réguler son cours. Il n'est donc pas rare, aux saisons les plus sèches, de pouvoir franchir le fleuve à pied en plein Paris. C'est un spectacle dont nous sommes aujourd'hui privés, mais qui perdura longtemps, jusqu'après la Première Guerre mondiale. En 1788, cette vision, qui nous paraît exotique, inquiète au plus haut point les autorités parisiennes. Faute d'eau pour faire voguer les bateaux, l'approvisionnement des villes en vivres et matières premières est menacé. L'hiver rigoureux de 1788-1789 apporte le coup de grâce. Dès la fin de novembre, une chape de froid et un tapis de neige couvrent la France. Les températures sont en chute libre. Le 31 décembre, il fait -21,8 °C à Paris. En Alsace, on relève -30 °C. De novembre à mars, Paris compte pas moins de 86 jours de gelée, dont 56 consécutifs. C'est un record qui est toujours d'actualité !

Tout le pays est désorganisé par le froid polaire. Les fleuves sont pris dans les glaces pendant plusieurs semaines. La Garonne et la Saône se traversent à pied ou en charrette. Dans les cimetières, la terre est si profondément gelée que les pioches se brisent. Il faut inhumer les corps sous les dalles des églises. Dans les villes, la situation est dramatique. Arrimés aux berges le long des fleuves, les chargements n'ont pas le loisir de reprendre le cours de leur navigation qu'ils se retrouvent déjà prisonniers des glaces quand tombent le jour et les températures. Il leur faut encore patienter. Sur les cours d'eau, la plupart des moulins, dont les roues sont obstruées par les glaces, sont eux aussi à l'arrêt, incapables de moudre le moindre grain de blé. Plus aucun chargement de farine ni de bois de chauffage ne circule. Les prix flambent au-delà du raisonnable. L'approvisionnement vient à manquer.

À cause de ce froid de gueux qui ne veut desserrer son étreinte, l'inquiétude se lit sur les visages rassemblés autour des soupes populaires et des feux qui brûlent dans les rues. Cet hiver précoce et rigoureux pousse les autorités à réagir. Depuis les désordres climatiques de la fin du règne de Louis XIV, elles sont conscientes que les appréhensions populaires ont tôt fait de se transformer en émeutes si l'on n'y prend garde. La panoplie des mesures destinées à les apaiser est prête. Elle est sensiblement la même d'une crise à l'autre. À Paris, les échevins fixent d'autorité le prix du pain vendu sur les étals et invitent les curés de la cité à se réunir d'urgence pour organiser et renforcer les secours aux plus miséreux. À Lyon, la ville interdit de transporter hors les murs des chargements de bois, de charbon et de farine. Parmentier – encore lui ! – ne manque pas l'occasion de remettre le couvert. Aux lecteurs du *Journal de Paris*, dont les réserves de farine pourraient venir à s'épuiser, il recommande sa recette d'un pain à base de pommes de terre gelées. « Ce pain se tient frais des mois entiers », assure-t-il. (Bien que ne l'ayant pas goûté, je tiens la recette à disposition de ceux qu'elle pourrait intéresser.)

Quand le dégel s'amorce, l'épreuve climatique n'en est pas pour autant finie. C'est même la « débâcle ». Les inondations emportent ponts et moulins, entraînant par les champs les morceaux de glace. Et c'est le moment choisi par Louis XVI pour annoncer la convocation des états généraux à Versailles, fin avril 1789, « pour nous faire connaître les souhaits et les doléances de nos peuples ». La décision était préparée de longue date. L'assemblée doit s'atteler à résoudre la crise financière qui secoue depuis des mois la monarchie. Mais la date choisie n'en reste pas moins curieuse. Le pays sort tout juste la tête de l'eau après une année terrible, qui a vu le défilé de toutes les calamités – pluies, sécheresses, grêles, gels, inondations – que le ciel peut réserver aux hommes. Portée par la cherté du pain et les récoltes désastreuses, la crainte de la disette creuse son sillon à travers les campagnes. L'angoisse populaire pousse à la révolte. Des émeutes, la plupart urbaines, éclatent par endroits. Elles ne sont pas encore directement dirigées contre l'autorité royale. Les insurgés s'en prennent aux spéculateurs et aux accapareurs, attaquent des chargements de blé et des boulangeries, braconnent en bande sur les terres de la noblesse…

Ces émeutes de subsistance ont beau avoir un air de déjà-vu, la monarchie en ayant connu après chaque récolte désastreuse, leur intensité n'en est pas moins remarquable. Au cours des quatre premiers mois de l'année, on en dénombre cinq fois plus que tout au long de l'année 1788. C'est dans ce climat agité que sont rédigés les cahiers de doléances. Dans chaque village, le peuple est invité à livrer ses inquiétudes. Les désordres du climat et la cherté du pain qui y est associée ne sont que rarement mentionnés. Les catastrophes naturelles sont encore, dans l'esprit des hommes, des fatalités contre lesquelles il n'est nul besoin de s'élever, ni d'accabler le pouvoir. Les électeurs du tiers état préfèrent s'attacher à réclamer la suppression des droits féodaux, l'égalité devant l'impôt et une plus grande liberté. Ici ou là, une récrimination affleure néanmoins :

« Plus affligeante encore est la condition du manœuvre pour qui chaque jour de pluie est un jour de disette. »

Mais les cahiers de doléances n'ont pas épuisé la colère populaire, loin de là. La flambée des prix persiste, tel un carburant puissant qui suffit à alimenter le moteur de la rébellion. La fureur redouble en mai et en juin. Les troubles éclatent avec une vigueur renforcée alors que les états généraux sont réunis à Versailles. Les pamphlets excitent le ressentiment du peuple. Dans *Les Vitres cassées par le véritable Père Duchesne, député aux états généraux,* le « fumiste ordinaire de Sa Majesté » prend à partie les députés assemblés : « N'est-il pas ridicule, entre nous, pendant que tant de malheureux n'ont pas de pain, que vos travaux ne soient pas essentiellement dirigés vers les moyens d'apaiser leur faim, d'étouffer les cris d'une juste indignation ? » À Paris, les placards affichés dans les rues se multiplient depuis plusieurs semaines. Ils appellent à des émeutes dans les halles aux grains pour protester contre le prix du pain. La hausse des cours entretient et attise la fièvre.

Dans la nuit du 26 au 27 avril, une violente manifestation agite le faubourg Saint-Antoine, où vivent et travaillent les milliers d'employés des manufactures. Sous la rumeur d'une baisse des salaires, qui s'est propagée comme traînée de poudre, s'exprime toute l'angoisse des ouvriers, craignant la disette et la misère. Le rassemblement dégénère en pillages et en affrontements. Il faut faire donner la troupe pour calmer les ardeurs insurrectionnelles. En ouvrant les états généraux, Louis XVI veut encore croire que les choses peuvent s'arranger. Mais il est trop tard. Les morts sont déjà suffisants. La grogne a cédé le pas à la violence. La machine révolutionnaire est en marche. Elle se nourrit de tous les bruits et rumeurs qui se propagent dans Paris, des échos qui retentissent dans les salles des Menus-Plaisirs et du Jeu de Paume, à Versailles, où sont rassemblés les députés, et aussi des appels à l'insurrection lancés au Palais-Royal.

Si la réunion des états généraux attise la contestation politique, c'est bien la crainte de la famine qui est le ressort le plus puissant de l'agitation populaire, à Paris comme en province. Elle participe à la montée de la violence qui conduit à la prise de la Bastille le 14 juillet. Chaque matin, les marchés parisiens sont un risque renouvelé d'émeutes. Que le pain vienne à manquer, que son prix augmente ou que sa qualité laisse à désirer, et c'est l'explosion de la colère. Le pouvoir royal renforce les patrouilles aux halles et devant les boulangeries. Des régiments sont stationnés aux portes de Paris. Ils sont en alerte, prêts à intervenir pour mater toute sédition. Les rumeurs les plus folles circulent : le roi veut dissoudre l'Assemblée, l'armée va entrer en force dans Paris… On souffle aussi que tous les convois destinés au ravitaillement de Paris sont détournés pour nourrir les troupes. Paris va être affamé ! Encore et toujours cet effroi de la famine. Engendré par les désordres climatiques, il est devenu le spectre de l'épouvante.

Le sang des Parisiens ne fait qu'un tour. Dans la nuit du 12 au 13 juillet 1789, par groupes, ils montent à l'assaut du mur des Fermiers généraux qui encercle Paris. La foule des émeutiers exige la baisse des prix des grains et du pain. Elle ouvre des brèches en plusieurs endroits dans l'enceinte, dont la construction vient d'être achevée. Elle met à sac et incendie la plupart des postes d'octroi, symboles du pouvoir arbitraire. C'est là que sont perçus les taxes et les impôts sur les denrées qui entrent dans la ville et qui en renchérissent le coût. Puis, le convoi se dirige vers l'enclos Saint-Lazare, où la rumeur dit que de grandes quantités de grains et de farine sont entreposées. À la fois couvent et hôpital de la congrégation créée par saint Vincent de Paul, le vaste enclos est remué de fond en comble. Toutes les bâtisses sont fouillées et pillées, dans un grand vacarme empli de vociférations et de menaces. Paris est entré en révolution. Le lendemain est le 14 juillet. Mais c'est une autre histoire…

1815 – Le Tambora
L'Année sans été
qui a fait trembler Louis XVIII

Lors de la dernière grande famine européenne, les désordres révolutionnaires hantent encore les esprits. Pour couper court à l'agitation, le gouvernement imagine la politique des grands travaux.

La nature nous fait parfois d'étranges « cadeaux ». En mai 2010, c'est ma grande première sur TF1. Heureusement que je ne suis pas superstitieux, car un ciel gris et pluvieux couvre quasiment toute la France ce jour-là et je n'ai aucune bonne nouvelle à annoncer aux téléspectateurs. Mais ce n'est pas tant l'absence de soleil qui turlupine alors les esprits. Depuis plus d'un mois, l'Eyjafjallajökull est entré en éruption en Islande. Et quelques jours auparavant, son panache de cendres, poussé par les vents, a semé le chaos dans le ciel européen. L'espace aérien de plusieurs pays, dont la France, a dû être fermé. Le trafic mondial a été profondément désorganisé pendant près d'une semaine. En pleine période de vacances scolaires, l'émotion est à son comble. Au total, plus de

100 000 vols sont annulés, causant de lourdes pertes financières aux compagnies aériennes. Les autorités vont jusqu'à interdire certains vols au-dessus du bassin méditerranéen, où le ciel est complètement dégagé. Encore une dérive du principe de précaution !

En ce début du mois de mai, le nuage de fumée menace de nouveau l'espace aérien. Pour mon premier jour sur la chaîne, je suis précipité sous les projecteurs du JT de 20 heures pour donner des nouvelles du « volcan islandais », comme l'appellent désormais les journalistes, qui ont renoncé à énoncer son nom imprononçable. Cette fois, la météo est rassurante. Les vents sont favorables. Mais plus que tout, ma présence ce soir-là au côté de Claire Chazal en dit long sur les inquiétudes de nos contemporains et la vulnérabilité de nos sociétés modernes. Le cracheur de lave ne couvre pas l'Europe uniquement de ses cendres, mais également d'un climat de psychose. Et pourtant, l'éruption du volcan islandais n'est qu'un phénomène volcanique mineur à l'échelle de l'histoire de la Terre. Par le passé, des monstres de feu autrement plus puissants ont craché dans le ciel des quantités plus importantes de particules. Et les conséquences oubliées de leurs colères ont de quoi nous étonner, voire nous inquiéter, aujourd'hui encore.

Ainsi, le souvenir des années 1816 et 1817 a longtemps été accompagné, dans la mémoire collective, d'un souffle d'épouvante. Dans toute l'Europe, la première fut baptisée « l'Année sans été ». La seconde hérita, dans certaines régions, de l'appellation peu engageante d'« Année de la misère ». Le décor est planté ! Car autant vous le dire tout de suite, leur réputation est loin d'être usurpée. Tout commence en 1816 par un printemps anormalement pluvieux et frais. Pas de quoi s'inquiéter outre mesure. Les caprices du ciel nous ont habitués à ce genre de bizarreries. Mais plus les semaines passent, et plus les saisons semblent avancer à reculons. Au printemps, ce n'est pas l'été qui arrive mais un long automne battu par une pluie incessante. Il faut se rendre à l'évidence : le temps est complètement détraqué. Pluies diluviennes, chutes de neige, températures hivernales se succèdent tout l'été, là où on ne les attend pas. Comme si une divinité maléfique s'était installée aux commandes de la machine à faire le temps.

Ceux qui fixèrent le mieux l'ambiance lugubre et inquiétante de cet été 1816 sont certainement le poète anglais Lord Byron et ses amis, Percy Bysshe Shelley, sa jeune épouse Mary et la demi-sœur de cette dernière, Claire, qui est aussi la maîtresse de Byron. Au début de l'été, cette joyeuse bande a pris ses quartiers en Suisse, sur les bords du lac Léman, pour profiter de l'air pur des montagnes. Mais d'été, il n'est pas vraiment question car, comme le constate amèrement le poète, les jours ne sont qu'une succession de « stupides brumes, brouillards, pluies et [...] visibilité perpétuellement bouchée ». Cette atmosphère de fin du monde – certains almanachs prévoient l'imminence de l'apocalypse – pèse sur le moral et les imaginations s'emballent. Selon la légende, un soir, pour distraire ses hôtes de l'enfermement auquel les condamnent les incessantes averses, les décharges électriques et les températures glaciales, entre deux tournées d'absinthe, Byron imagine un concours : c'est à qui écrira l'histoire la plus terrifiante. La jeune Mary Shelley, âgée d'à peine vingt ans, va alors imaginer la créature de Frankenstein, comme un reflet de l'insolite climat d'inquiétude qui règne alors.

Byron n'est pas en reste. Inspiré par l'étrangeté de l'été, il compose un poème aux allures prophétiques. Dans *Ténèbres*, il décrit « l'éclatant soleil qui s'est éteint », « l'aube qui vint, fuit et revint sans apporter le moindre jour ». Puis avec un sens prémonitoire aigu, sa poésie annonce la catastrophe qui approche :

« Il n'y avait plus d'amour :
La terre entière n'avait plus qu'une pensée,
Et c'était la pensée de la mort,
De la mort sans délai et sans gloire.
Les angoisses de la famine dévoraient les entrailles ;
Les hommes mouraient ;
Et leurs ossements n'avaient pas de tombeaux ;

Ceux qui restaient, faibles et amaigris, se mangeaient les uns les autres ;
Les chiens eux-mêmes attaquaient leurs maîtres. »

Dans les semaines qui suivent, ce tableau apocalyptique imaginaire devient la réalité quotidienne de la plupart des régions européennes. Un peu partout, plus l'année avance, et plus la stupéfaction laisse en effet la place à la crainte. Les pluies torrentielles du printemps et de l'été ont tout détruit. Rien ne pousse. Les récoltes sont anéanties, le vin est foutu, les fruits pourris tombent des arbres sans avoir eu le temps de mûrir. Les conséquences ne se font pas attendre. Les prix des céréales flambent. Ils doublent, triplent, quadruplent... Le pain d'orge, qui constitue la base de l'alimentation des paysans et ouvriers, atteint des prix exorbitants. Même la pomme de terre, renommée pour sa robustesse mais encore peu prisée au début du XIXe siècle, voit son cours multiplié par six. Dans les villes et les campagnes, la disette n'a pas le temps de s'installer que déjà l'étau de la famine étreint les estomacs.

Les mêmes scènes de misère se répètent partout. Ici, ce sont des êtres aux visages ravagés qui rôdent à travers les champs, déterrant les pommes de terre pas encore récoltées mais déjà à moitié gâtées. Là, ce sont des paysans affamés qui, pour tromper la faim, font bouillir des herbes sauvages qui leur retournent aussitôt l'estomac. Faute de céréales, on court les campagnes à la recherche de champignons, de luzerne et de trèfle ; on fabrique de vilains pains à base de farine de bois et de la bouillie avec du foin ; on mange des feuilles d'orties et du ragoût de chat ; on dispute aux vaches l'herbe des prés et aux cochons leur nourriture. Au début de 1817, la pauvreté est à son paroxysme. Des files toujours plus nombreuses de mendiants traînent sur les routes de France et accourent vers les villes, implorant la charité à chaque relais, à chaque coin de rue. Les tourments de la famine se répandent, des épidémies de typhus se déclarent, l'insécurité règne, la mortalité bondit dans toute l'Europe et la colère du peuple gronde de nouveau.

Jusqu'à l'été 1817, la tension ne cesse de monter. En France, la situation alarme le jeune gouvernement de Louis XVIII, qui craint que les agitateurs ne profitent de la misère du peuple pour appeler à l'insurrection. Les souvenirs de l'époque révolutionnaire hantent encore les esprits, et plus encore celui du frère cadet de Louis XVI, qui n'a dû sa survie qu'à l'exil. La présence en ville de soldats des troupes napoléoniennes démobilisées ajoute au sentiment d'inquiétude. Le terreau est fertile pour les provocateurs : dans les provinces, des émeutes sporadiques éclatent. On pille, on incendie les greniers à grains, on dévalise les boulangeries, on prend d'assaut les chargements de blé, on met à sac des marchés aux céréales, on s'en prend aux spéculateurs suspectés de cacher des réserves. Les esprits s'échauffent. Des bandes de maraudeurs courent les campagnes, armées de piques et de bâtons. Sur les drapeaux qu'ils agitent, la menace est claire : « Du pain ou du sang ! » Il faut se défendre. Et à l'approche des semis, dans certaines régions, des gardes des récoltes, fortement armées, sont créées pour surveiller les champs jusqu'aux moissons.

À cette époque, la famine est encore une fatalité pour tous, le peuple comme le gouvernement. Mais la menace d'une nouvelle révolution est un péril autrement plus dangereux pour la jeune monarchie constitutionnelle. Tant bien que mal, le gouvernement tente de maintenir l'ordre dans les villes afin d'éviter la contagion de l'agitation qui s'est répandue dans les campagnes. À grand renfort de subventions et de mesures de régulation, les autorités luttent efficacement contre l'envolée des prix du pain. À Lyon, où les rumeurs de complot bonapartiste vont bon train, la municipalité fait d'amples achats de grains pour freiner la hausse. À Paris, où les souvenirs des désordres révolutionnaires sont encore vifs, les mesures prises permettent aussi de contenir l'inflation. Pour éviter toute spéculation, on a recours à la troupe. Elle surveille les portes de la ville pour interdire à tout citoyen de quitter la cité avec un quignon de pain, qui vaut alors de l'or, dans la poche.

Si dans les villes, la situation semble sous contrôle, il n'en est pas de même dans le reste du pays où l'agitation peine à être contenue. Les émeutes menacent de faire basculer des régions entières dans l'anarchie. Les cours de justice font preuve d'une extrême fermeté pour maîtriser le peuple. Les actes d'accusation sont publiés et les voleurs aussitôt exécutés. Comme lors des précédentes crises, on fait aussi appel à la générosité dans les églises. Des comités de bienfaisance et de secours sont chargés, dans chaque province, de distribuer gratuitement le pain et la soupe pour soulager la misère publique. Mais ces vieilles méthodes qui alternent charité et sévérité ne parviennent à calmer ni les ventres affamés ni les esprits échauffés. Le gouvernement doit faire preuve d'audace s'il ne veut pas être débordé par la révolte. Dans tous les départements, des comités de travail sont créés. La solution est originale, mais elle repose sur un calcul astucieux : mieux vaut mettre entre les mains de ces énervés une pelle ou une pioche, plutôt qu'une massue ou une arme à feu.

Toute la France se transforme alors en un vaste chantier. Contre une miche de pain, des dizaines de milliers de citoyens sont mobilisés. On construit de nouvelles routes, on répare les anciennes, on empierre des chemins, on consolide des digues, on restaure des mairies et des fontaines, on cure des rivières… Partout, on relève les manches. Coûte que coûte, il faut employer les bras inactifs qui menacent de rejoindre les rangs des agitateurs. Pour la première fois, on mise sur une politique de grands travaux pour conjurer la crise économique et sociale née du dérèglement climatique. Le recours à ces grands programmes d'infrastructures, théorisé et popularisé dans les années 1930 par l'économiste anglais Keynes, est devenu une recette classique de tous les plans de relance économique. Il est encore prôné par certains gouvernements pour stimuler la demande et accélérer la sortie de crise. Mais à l'époque, cette politique sociale est une grande première, surtout à cette échelle.

L'originale politique de grands travaux de Louis XVIII se révèle efficace. Elle éloigne le spectre de la révolution. Et, dès la moisson de 1817, le prix des céréales, revenu à des niveaux raisonnables, fait le reste. Le climat social et politique s'apaise. Mais les raisons de la dernière grande famine européenne, qui a fait plus de 100 000 morts, demeureront encore longtemps mystérieuses. Comment expliquer cette brusque chute des températures qui dura plus d'un an ? Et ces pluies intempestives ? À Paris, on relève, en 1816, un déficit de température de 3 °C pendant l'été et un record de 167 jours de pluie au cours de l'année. Il faudra attendre le XXe siècle pour que la lumière soit faite sur cette anomalie climatique. Même si Benjamin Franklin, qui fut le premier ambassadeur des États-Unis à Paris, avait déjà avancé cette explication lors d'une précédente crise climatique.

La raison est aussi surprenante que lointaine. Les scientifiques ont désormais la certitude qu'à l'origine du déluge de l'été 1816 se trouve un volcan indonésien, le Tambora. En avril 1815, son explosion cataclysmique résonne à plus de 2 000 kilomètres de distance. C'est l'une des éruptions les plus violentes de l'histoire moderne. Un phénomène à lui seul permet de prendre conscience de sa sauvagerie : le volcan, qui s'élève à 4 300 mètres d'altitude, est alors pulvérisé. Ses pans s'écroulent dans un indescriptible chaos de lave et de roches, son sommet est raboté et ramené en quelques heures à 2 850 mètres. Sur l'île indonésienne de Sumbawa où il se dresse, c'est la désolation. Tout est ravagé. « L'extrême misère à laquelle les habitants ont été réduits est choquante à voir. Il y avait toujours, au bord des chemins, des cadavres étendus et des marques qui signalaient les endroits où avaient été enterrés beaucoup d'autres ; les villages étaient presque entièrement abandonnés et les maisons en ruine. Ceux qui avaient survécu s'étaient éparpillés à la recherche de nourriture », raconte un témoin.

Rares sont les survivants. Dans une région peu peuplée à l'époque, l'éruption et le chapelet de catastrophes qui s'ensuivent – tsunamis, famines et épidémies – font entre 50 000 et 70 000 victimes. Mais le plus étonnant reste à venir. Dans sa furieuse colère, le Tambora a projeté des milliards de mètres cubes de cendres et de poussières dans les couches les plus élevées de l'atmosphère. Dans les semaines suivantes, porté par les courants stratosphériques, un panache de fines particules de sulfate ceinture la Terre. Pendant des mois, ce voile agit comme un écran, filtre une partie des rayons solaires et fait chuter les températures au point de faire perdre la tête au défilé des saisons. Bien que son impact sur le climat de l'hémisphère Nord soit considérable, l'explosion du Tambora n'en est pas moins passée inaperçue en Europe. Il faut dire qu'en avril 1815, en pleine période napoléonienne des Cent-Jours, les puissances continentales sont plus occupées à guerroyer qu'à tourner leurs regards vers un volcan indonésien, aussi redoutable soit-il. Qui plus est, à l'exception du gouverneur britannique de l'île de Java, qui dépêcha sur place un détachement militaire, les Européens étaient peu nombreux dans la région et les communications lentes. Si je ne m'abuse, le télégraphe ne fonctionnait pas encore.

Le mystère de l'Année sans été est aujourd'hui levé, mais qu'en est-il des autres volcans qui se sont réveillés depuis ? Un nouveau Tambora est-il possible en Indonésie ou sous d'autres latitudes ? Et quelles en seraient les conséquences ? Lors de l'éruption du Pinatubo aux Philippines, en 1991, les mêmes interactions, mais à une moindre échelle, ont été scientifiquement observées, prouvant la complexité de notre système climatique. La dispersion des particules émises lors de l'explosion du volcan a entraîné un refroidissement des températures qui a atteint -0,5 °C dans l'hémisphère Nord. L'éruption a aussi endommagé de manière significative la couche d'ozone. Le trou au-dessus de l'Antarctique a alors atteint en 1992 une superficie encore jamais observée. L'explosion du Pinatubo, de degré 6 sur une échelle qui en compte 8, fut cependant moins puissante que celle du Tambora, classée 7. Pour vous faire une idée, celle de l'Eyjafjallajökull n'a atteint que 4,5 degrés. La puissance de l'explosion du Tambora aurait été cent fois supérieure à celle des bombes atomiques de Hiroshima et de Nagasaki réunies.

Tous les vulcanologues sont persuadés que la Terre ne s'est pas assagie. Une éruption aussi violente que celle de 1815 a beau être un phénomène rare à l'échelle d'une vie humaine, elle se reproduira. Une plus violente est aussi possible. Il y a 73 000 ans, l'explosion du Toba, sur une île indonésienne, fut si puissante que l'on a retrouvé ses cendres jusqu'en Inde, soit à des centaines de kilomètres, sur une épaisseur de six mètres ! Quand se produira la prochaine grande explosion volcanique ? Dans dix ans ou dans cinq siècles ? Là est la question. Mais cette interrogation, la plupart des scientifiques qui établissent des modèles d'évolution du climat ne se la posent pas. Et pourtant, c'est une forte probabilité. Il suffirait d'une intense période d'activité volcanique pour faire chuter la température de plusieurs degrés et changer de nouveau le cours de l'Histoire.

1830 – Les Trois Glorieuses
Le pain des barricades

La succession des années pluvieuses affecte les récoltes et plonge la France dans la crise. Exténué, le peuple se joint à la contestation politique. Charles X est renversé.

J'ai souvent lu ou entendu avec un certain amusement, qui tirait parfois, je ne le cache pas, vers l'agacement, certains commentaires farfelus qui reliaient une rentrée sociale agitée à un été pluvieux ou la probabilité d'une forte abstention lors d'élections au beau temps, les Français délaissant les urnes pour s'adonner à la bronzette ou à la pêche à la ligne. Nous ne pouvons pas faire porter tous nos maux au climat à travers des raccourcis médiatiques, aussi séduisants soient-ils, et chercher l'empreinte du temps dans n'importe quel fait divers. On n'a pas assez relevé combien il était ubuesque de relier la chute de popularité de François Hollande à la pluie qui accompagne la plupart de ses sorties. Cela ne veut pas dire cependant que la météo n'a pas d'influence. Pour preuve : la canicule imprévue de 2003 a fait trembler le gouvernement ; des températures élevées amplifient la circulation du virus de la dengue dans les départements d'outre-mer ; plusieurs saisons sans neige peuvent aussi avoir des conséquences désastreuses pour l'économie des massifs alpin et pyrénéen…

L'éventail des interactions du climat couvre de larges pans de la vie de notre société, mais, hors des grandes catastrophes, cette influence passe le plus souvent inaperçue. La météo fait partie des ressorts invisibles de l'Histoire. Car le monde est une équation complexe, dont le climat n'est qu'une des données. Si l'on remonte le cours du temps, on trouve bon nombre d'événements anciens qui portent la marque du climat, mais celui-ci n'est bien souvent qu'un des fils d'un écheveau embrouillé de causes. La révolution des Trois Glorieuses en 1830 en est, à mes yeux, l'un des meilleurs exemples. Fin juillet cette année-là, l'insurrection populaire triomphe. Encouragés par des meneurs politiques, les Parisiens ont dressé des barricades dans les rues, brisé les réverbères, pris d'assaut l'Hôtel de Ville et assailli la troupe à coups de pavés et de briques. Le soulèvement dure trois jours. Le roi Charles X, frère de Louis XVI et de Louis XVIII, abdique et embarque en famille pour l'exil. La seconde Restauration s'achève ainsi.

Six mois plus tard, dans la chronique qu'il tient dans la revue *Le Temps*, Alfred de Musset, non sans un brin de malice, interroge : « Voilà une question qu'on a posée : si les 27, 28, 29 juillet derniers, il avait fait une pluie battante ou un verglas terrible, que serait-il arrivé ? Les attroupements auraient-ils eu lieu ? Les amorces auraient-elles pris feu ? Les oisifs auraient-ils couru par la ville et se seraient-ils mêlés aux braves que le nombre encourage toujours, quelle que soit la cause qui les entraîne ? » Sans l'air d'y toucher, Musset n'en est pas moins l'un des premiers à s'interroger sur l'incidence de la météo sur la conduite des hommes. Le poète pousse la facétie jusqu'à affirmer que la canicule estivale aurait étouffé la colère du roi.

Les journées révolutionnaires de juillet 1830, auxquelles les auteurs romantiques ont donné le joli nom de « Trois Glorieuses », sont ainsi marquées, parmi d'autres raisons politiques et sociales, par l'influence du climat. Non parce qu'elles se déroulèrent sous un franc soleil, comme le révèle Musset, mais à cause des mauvaises saisons qui les précédèrent et alimentèrent la contestation populaire. De 1827 à 1831, les campagnes françaises sont arrosées plus que de coutume. Les crues historiques sont les signes les plus spectaculaires de cette pluviosité anormale. En juillet 1827, le torrent de la Nartuby en Provence – celui-là même qui a tristement fait parler de lui en 2010 lors des inondations du Var – arrache vignes et arbres fruitiers, renverse les murs et saccage plusieurs habitations. En octobre, c'est au tour de l'Ardèche de faire des siennes. La rivière dévastatrice emporte les arches du pont d'Aubenas et oblige certains fermiers à passer la nuit dans les arbres pour éviter d'être emportés par les eaux. À chaque fois, on dénombre plusieurs morts.

Mais plus que ces épisodes meurtriers, qui retiennent l'attention au premier regard, le temps médiocre poursuit, saison après saison, un lent et invisible travail de sape. Dans beaucoup de régions, les pluies continuelles entravent les travaux des champs. Les averses d'automne contrarient les semences et les vendanges, les giboulées incessantes du printemps altèrent l'élevage des vers à soie et les fourrages, les grains d'été gâchent les récoltes. La neige, dans les montagnes, tombe parfois avant qu'on ait pu achever les moissons. En ces années-là, le paysan vit encore dans l'inquiétude permanente de la saison à venir et une mauvaise récolte a tôt fait de le condamner à une année de misère. Comme au siècle dernier lors des crises de subsistance, le malaise des terroirs gagne rapidement les villes.

De fait, la France n'a guère changé du temps de l'Ancien Régime. Depuis la Révolution, les nombreux bouleversements politiques ont plongé le pays dans une ébullition permanente sans que la condition du peuple, des quartiers ouvriers et des campagnes s'en trouve véritablement améliorée. L'ascension sociale reste un leurre ;

l'assistance publique est une vague idée exotique. Malgré l'émergence d'une bourgeoisie prospère de propriétaires, la France de 1825 ressemble encore fortement à celle de Louis XVI. Symboliquement, cette année-là, Charles X se fait sacrer en costume violet dans la cathédrale de Reims. Deux jours plus tard, le roi de France, censé détenir le pouvoir de guérir par simple contact, se plie au rituel des écrouelles et touche les plaies de 130 malades. Le protocole manifeste plus que jamais la continuité avec l'Ancien Régime.

Cette permanence ne s'incarne pas uniquement dans la résurgence du cérémonial dynastique. La France fait du surplace ! La révolution industrielle, dans laquelle l'Angleterre s'est lancée tête baissée, n'a pas encore pénétré les provinces françaises. La vitalité économique est toujours suspendue aux aléas de la production agricole, elle-même soumise aux vicissitudes du climat. La météo reste un puissant levier de la misère et du mécontentement. Une mauvaise récolte et c'est aussitôt la crise économique et l'agitation sociale qui frappent. L'enchaînement est aussi implacable qu'une démonstration mathématique. Que, sous l'effet des intempéries, les prix des grains et des denrées viennent à grimper, et c'est toute la machine économique qui se grippe : le prix du pain augmente, la consommation de produits artisanaux et manufacturés flanche, les commerces font faillite, les fabriques où les progrès de la mécanisation sont lents ferment leurs portes ou congédient les ouvriers, et déjà la misère s'installe.

La contagion du malheur est inexorable. Car le pain demeure l'aliment par excellence de l'ouvrier et du journalier. Une famille avec trois enfants en consomme près de 1 000 kilos par an. On était loin alors des cinq fruits et légumes par jour ! Sous le règne de Charles X, l'achat du pain absorbe plus de la moitié des recettes du foyer, voire l'intégralité les mauvaises années, comme en ces saisons pluvieuses. Les prix du blé ne cessent en effet d'augmenter entre 1825 et 1829. Il n'en faut pas plus pour plonger la France dans la crise céréalière, puis économique. Mais il serait absurde de faire de la météo l'unique ressort de la révolution qui s'annonce dans une société inégalitaire où l'ancienne noblesse et les nouveaux propriétaires de la bourgeoisie se partagent, non sans vives tensions politiques, le haut du pavé. Dans cette monarchie constitutionnelle, où le suffrage censitaire limite la participation à la vie politique aux 100 000 Français les plus aisés, les motifs de mécontentement ne manquent pas.

Le devant de la scène est d'ailleurs occupé par les tensions politiques de plus en plus aiguës entre le clan monarchiste des « ultras », qui a les faveurs du roi Charles X, et le camp libéral soutenu par la bourgeoisie. Dans les salons et les journaux parisiens, les souffrances de la « classe indigente » et de la « classe dangereuse » – ainsi désigne-t-on alors les chômeurs et les ouvriers – sont rarement évoquées. Les difficultés sociales passent au second plan. Les explosions sporadiques et spontanées de violence contre la hausse des prix du blé sont considérées comme un mal nécessaire pour canaliser l'indignation populaire quand la situation alimentaire devient insupportable. Des cahots du climat et de la misère du peuple, le gouvernement comme les classes dirigeantes ne se soucient guère. Ou alors uniquement quand la grogne menace de se transformer en émeutes urbaines et impose de faire donner la troupe. Ou bien quand l'approvisionnement de Paris exige de prendre des mesures de police.

La vague de troubles qui éclate à la fin de l'hiver de 1829, à cause du climat et des mauvaises récoltes, est à cette image. Elle n'émeut guère le pouvoir. La cherté du pain est un mal chronique qui ne se soigne pas ; la recrudescence des bandes de mendiants qui hantent les campagnes, les attroupements sur les marchés, aux cris de « Du pain ! Du pain ! » et les attaques de chargements de grains sur les routes le sont tout autant. Des heurts sont signalés à Saint-Fargeau, dans l'Yonne, où la foule s'oppose aux achats de grains par des meuniers venus d'autres régions ; à Châteauroux, dans l'Indre, les émeutiers arraisonnent des chargements de céréales. Ces désordres, qui agitent les campagnes en 1829, résonnent aux oreilles comme un refrain connu. La révolte est l'expression commune de la colère du peuple. Il n'y a pas là de quoi alarmer le pouvoir, malgré les débordements.

En ces temps-là, la météo est décidément bien irritante ! Précoce et rigoureux, l'hiver de 1829-1830, un des plus terribles du siècle, ajoute son lot d'afflictions. Dès le mois de novembre, un froid glacial venu de Scandinavie s'abat sur toute l'Europe. Seuls les plus anciens se souviennent d'un hiver aussi long et tyrannique. Charles X en fait partie. C'était à la fin de l'année 1788. À l'époque, le roi n'était encore que comte d'Artois et ignorait que, six mois plus tard, après la Révolution, il serait forcé de prendre la route de l'exil. Sinistre présage ou étonnante coïncidence, allez savoir. L'hiver de 1830 n'a rien à envier à son illustre prédécesseur. Les températures restent bloquées en dessous de 0 °C pendant des semaines, les rivières et les fleuves sont pris, la neige tombe en abondance. Sur la Creuse, la couche de glace atteint les 40 centimètres. À Tournus, on traverse la Saône avec des charrettes chargées de tonneaux de vin. À Bayonne, on fait du patin sur l'Adour, alors que la glace de la Garonne endommage les navires à Bordeaux.

Cet hiver est interminable. Il étend son emprise jusqu'en mars. Durant trois mois, le mercure descend sous les normales saisonnières d'environ 5 °C. Dans les campagnes, les dégâts causés à l'agriculture sont nombreux. Dans les villes, les pauvres sont les premiers à souffrir des assauts du froid. Ils ne sont pas les seuls. Le patron de l'Entreprise générale des omnibus – qui transporte plusieurs millions de Parisiens chaque année –, acculé à la faillite par le temps qui restreint la circulation et augmente le prix du fourrage, se suicide. La cessation de travail de la plupart des ateliers, le prix élevé du charbon et des denrées de base aggravent la misère. L'assistance publique n'est pas l'affaire de l'État. Ce sujet n'est qu'une bagatelle pour Charles X, qui s'en remet à la philanthropie et aux œuvres de bienfaisance, seuls moyens d'atténuer le dénuement. Les paroisses ouvrent de nouvelles souscriptions ; les associations de charité se mobilisent. À Paris, un bal au profit des indigents est organisé en février à l'Opéra. « Qu'on en ait envie ou non, il faudra bien s'amuser ne serait-ce que par charité », se plaint-on faussement. Le Tout-Paris et la Cour sont présents. Les parures de l'assistance rivalisent de brillants et de richesse.

Mais pendant ce terrible hiver, la misère du peuple est à ranger dans les faits divers. Les grands esprits sont plus préoccupés de querelles artistiques que des conséquences économiques et sociales des infortunes du climat. Les colonnes des journaux et les conversations ne bruissent que des échos de la bataille d'*Hernani*. La pièce de Victor Hugo cristallise toutes les passions littéraires et politiques. Précédée d'un parfum de scandale, la première représentation a lieu en février 1830 à la Comédie-Française. Afin d'assurer le succès de son drame, qui bouleverse les règles du théâtre classique et la versification, Victor Hugo a couru les rues verglacées de Paris en chaussons pour mobiliser le ban et l'arrière-ban des jeunes artistes romantiques. Ils sont tous présents au parterre, prêts à couvrir de leurs acclamations la mauvaise humeur des gardiens du classicisme. Leurs applaudissements furieux, leurs trépignements joyeux, leur liesse frénétique assurent à la pièce un véritable triomphe. Si *Hernani* fait trembler Paris, le tumulte reste confiné à l'enceinte des théâtres et aux salles de rédaction des journaux.

Mais non loin de là, dans l'arrière-cour des ateliers et dans l'enchevêtrement des ruelles des quartiers populaires, le feu couve. Pour découvrir ce Paris-là, il faut suivre le Gavroche de Victor Hugo, qui nous entraîne à sa suite dans les rues. Il faut pousser les portes des usines, sur lesquelles s'affichent des règlements aussi sévères que ceux d'un régiment. L'heure n'est pas encore à la justice sociale. Les arrêtés fixent la journée de travail à treize heures, de lourdes pénalités pour tout retard de dix minutes et l'impossibilité pour l'ouvrier de refuser un excédent de travail. Tout ça pour un salaire de misère qui n'offre guère d'espoir de s'acheter beaucoup plus qu'une miche de pain. « Vivre, pour lui, c'est ne pas mourir. Au-delà du morceau de pain qui doit les nourrir, lui et sa famille, au-delà de la bouteille de vin qui doit lui ôter un instant la conscience de ses douleurs, il ne prétend à rien, il n'espère rien », résume sinistrement un observateur contemporain.

Avec le retour des beaux jours, le climat politique en France connaît un brusque réchauffement. Au mécontentement social et aux agitations populaires locales, engendrés encore une fois par les mauvaises saisons et la cherté du pain, s'ajoutent les tensions d'une crise sans précédent entre le gouvernement monarchiste et les parlementaires libéraux. Le peuple est à bout, la bourgeoisie à cran, la France est un fagot de colères disparates prêtes à se transformer en brasier. Il ne manque qu'une étincelle. Charles X se charge d'y mettre le feu lui-même. En juillet, la crise politique atteint son paroxysme. Face à l'opposition, le roi se résout au coup de force. Le 25 juillet, il publie une série d'ordonnances qui musellent la presse, restreignent le droit de vote et dissolvent le Parlement. C'est une provocation. Un appel à l'insurrection.

Dès le lendemain, Paris s'embrase. Les étudiants et les agitateurs politiques lancent le signal de la révolte. Les ouvriers, les journaliers, les boutiquiers et les plus démunis, exténués par des années de crise, laissent libre cours à leur mécontentement et se joignent à la contestation politique. Ils grossissent abondamment les rangs des émeutiers. En un éclair, Paris se couvre de barricades. Les armureries sont dévalisées. Les portes du musée de l'Artillerie sont forcées et la foule repart en poussant de lourds canons et en brandissant d'antiques mousquets. Des gouttières sont démontées et fondues pour fournir des balles. Sous les encouragements des femmes à leurs fenêtres, qui agitent leurs mouchoirs, la troupe est accueillie sous une pluie de planches de meubles, de marbres de cheminée, de bouteilles et de chaises jetés du haut des immeubles. La révolution durera à peine trois jours.

Le drapeau tricolore flotte sur Notre-Dame mais l'espoir tourne court. L'insurrection du peuple parisien est aussitôt récupérée par la bourgeoisie. Un roi en cache un autre et Louis-Philippe, cousin de Charles X, s'installe bientôt sur le trône. La météo n'aura été qu'un élément, souvent occulté, de cette révolution des Trois Glorieuses qui laisse au peuple un goût amer. Parmi les raisons invoquées par les historiens, elle a toutefois son importance. Le mécontentement provoqué par la cherté du pain a permis à la bourgeoisie de s'allier le soutien du peuple, de forger avec lui une coalition aussi efficace qu'éphémère. Mais fort heureusement, chaque mauvaise récolte n'engendre pas une révolution ! D'ailleurs, un peu partout, les émeutes se poursuivront jusqu'à la fin de l'été et l'automne 1830. Elles s'accentueront même après les piètres récoltes de 1831, dues une nouvelle fois à l'abondance des pluies. Un régime chasse l'autre, mais la France est toujours à la merci des aléas du climat.

1848 – La chute de Louis-Philippe
Une faim de République

La sécheresse précipite une nouvelle fois la France dans une crise céréalière. La misère du peuple fait résonner haut les idéaux de justice sociale dans l'opinion. Le roi y reste sourd.

Combien de fois m'a-t-on apostrophé lors d'un long printemps pluvieux ou d'un hiver au froid tenace : « Mais enfin, vous pourriez nous dire quand ça va s'arrêter ! » ? Les progrès spectaculaires accomplis par la météorologie ces vingt dernières années ont, me semble-t-il, renforcé l'exigence de l'opinion. Souvent au-delà du raisonnable. Ce changement, je l'ai vu venir peu à peu. Dans les années 1980, la précision de nos bulletins laissait encore à désirer. À Marseille, notre grand défi, c'était de prévoir une séquence de mistral. Nous y arrivions une fois sur deux, et nous étions satisfaits chaque fois que nous visions juste. Comme il y avait encore beaucoup d'erreurs, la société attendait alors peu de nous. Avec le progrès technologique, nous sommes passés très vite de cette époque où il n'y avait guère de considération pour les bulletins météo à une autre où nous sommes devenus omnipotents dans l'esprit des gens.

Il y a trente ans, nous étions des devins médiévaux, aujourd'hui on nous demande d'être des super-héros ! Pour un peu, on devrait être capables de faire tomber la neige l'hiver en montagne et briller le soleil en été sur les plages. Comme si la nature nous était devenue une compagne encombrante dont nous ne supportons plus les humeurs. C'est paradoxal. Longtemps, elle a imposé à l'homme son rythme et sa violence. Ce dernier en prenait son parti. Il invoquait la fatalité et pliait l'échine sous les colères des éléments, même s'il se révoltait parfois. Les choses ont bien changé. Nous avons su apprivoiser les saisons en conquérant notre indépendance alimentaire, nous prévoyons avec un niveau de précision encore jamais atteint le temps qu'il fera trois jours plus tard, nous sommes alertés du moindre orage, mais, paradoxalement, nous nous sommes éloignés de la nature. Elle nous est désormais étrangère et nous ne comprenons plus qu'elle puisse nous résister. Peut-être est-ce parce que nous sommes tous devenus des urbains ?

La plupart des gens des villes, qui n'ont peut-être jamais vu une ferme ailleurs qu'à la télévision, se plaignent de la pluie même s'ils vivent en appartement, vont en voiture au travail et passent leur journée dans un bureau. Mais qu'est-ce que la pluie, si ce n'est la vie ? Une bonne ondée a ses vertus. Elle nettoie le ciel de la pollution ; elle fait du bien aux cultures et réjouit le cœur de l'agriculteur ; elle remplit les nappes phréatiques ; elle donne de belles couleurs aux campagnes. Et puis, je dois l'avouer, quitte à ne pas me faire que des amis, j'aime la pluie : j'aime l'eau qui ruisselle sur le visage, j'aime l'odeur de l'herbe mouillée, j'aime les cris des enfants qui sautent à pieds joints dans les flaques ! La pluie, c'est tout ça aussi. Rien de bien méchant, une bonne averse. Le climat peut se montrer beaucoup plus cruel.

Il l'était en tout cas davantage pour les Français au XIXe siècle. À une époque où la production agricole était soumise à la moindre saute des températures et où les prévisions météo n'existaient pas, chaque saison calamiteuse avait de fortes chances de finir en insurrection. La révolution de 1848, qui renverse la monarchie de Juillet de Louis-Philippe, n'échappe pas à la règle. Après un été désastreux et de médiocres récoltes, des troubles éclatent dans tout le pays. C'est une crise d'Ancien Régime, avec les mêmes conséquences : hausse de la misère et de la mortalité, baisse des mariages et des naissances, contagion de la grogne… En apparence tout au moins. Car cette énième crise de subsistance, déclenchée par la météo, n'en constitue pas moins un électrochoc pour l'opinion publique. Elle précipite la prise de conscience des sphères intellectuelles révoltées par la misère ; elle ouvre la voie à la diffusion des idéaux républicains et socialistes dans la classe ouvrière ; elle entraîne la chute du roi des Français.

C'est de nouveau le temps qui engage les hostilités en 1846. Le printemps et les premières semaines de l'été sont caniculaires. Toute l'Europe est touchée. En France, l'été est considéré comme l'un des plus chauds de ces 500 dernières années. La mortalité, notamment infantile, bondit, avec près de 200 000 morts supplémentaires, et les campagnes sont livrées à la sécheresse. Sans surprise, les blés souffrent et la récolte est mauvaise. L'avoine a grillé dans les champs. Les cultures de légumes sont elles aussi compromises. Et, pour ne rien arranger, la pomme de terre est frappée par un mal mystérieux. L'inflation du pain est brutale et spectaculaire. On n'a rien connu de tel depuis la grande crise de 1816-1817, due au volcan Tambora. La suite est déjà écrite. Dès la fin de l'été, à l'annonce d'une première augmentation des prix du pain, des désordres éclatent dans le quartier du faubourg Saint-Antoine à Paris, haut lieu de la contestation populaire. Les manifestants brisent les lanternes des rues et les vitrines des boulangeries en entonnant *La Marseillaise*. Les autorités font donner la garde municipale. À pied et à cheval, elle charge. De nombreux ouvriers sont blessés, d'autres sont arrêtés. Le ton est donné.

Dans *La Presse*, Lamartine fait mouche, avec un sens aiguisé de la formule : « Le pauvre a faim et la France a peur. » Ardent partisan de l'ordre public et de la justice sociale, le poète milite en faveur d'une « taxe extraordinaire de la faim » et de la constitution de réserves publiques de grains. Mais sa tribune fait des remous. Elle provoque la colère des grands propriétaires terriens et des marchands de grains. Mais déjà, le pays cède à la panique. Des troubles sont rapportés dans la Nièvre, la Meuse, l'Indre-et-Loire, la Dordogne... Des esclandres, qui dégénèrent en affrontements, perturbent les marchés ; des greniers sont dévalisés, des convois arrêtés sur les routes, des fermiers menacés et sommés de ne pas vendre leur production hors de la commune. Comme dans les mois qui précédèrent la Révolution de 1789, des bandes de mendiants, journaliers et artisans sans travail, hantent les campagnes et répandent la peur.

Alors que le temps est toujours clément, l'affolement gagne les bourgs ruraux et les places de marché. À Tours, des affiches, aussitôt arrachées par la garde municipale, jettent à la vindicte populaire le maire et le préfet. Tous deux sont dénoncés comme des « accapareurs de blé », des spéculateurs. Peu importe que l'élu ait annoncé des distributions de pain à prix réduit pour « le pauvre qui souffre et l'ouvrier qui ne peut pas nourrir sa famille ». La colère populaire envahit la halle aux blés. Accouru sur place pour calmer les esprits, accompagné d'un de ses adjoints, le maire est accueilli sous des volées de cris et des jets de pierres. Il doit rebrousser chemin. Son adjoint a le crâne entaillé. La ville s'embrase. Des régiments d'infanterie et de cavalerie sont envoyés en renfort pour contenir à coups de baïonnettes les émeutiers. L'ordre n'est rétabli qu'au bout de plusieurs jours.

Ces scènes se poursuivent jusqu'à l'automne 1846. Dans les grandes agglomérations et les centres manufacturiers où afflue des campagnes une main-d'œuvre bon marché et prête à l'emploi, la cherté du pain, toujours due à la mauvaise météo, est un terreau fertile pour le mécontentement. La crise économique, qui fait alors des ravages, redouble du fait de la hausse des prix. Elle accentue le dénuement. Les grandes cités textiles, comme Rouen, Mulhouse et Lille, sont confrontées au chômage de masse. L'industrie de la métallurgie est frappée de plein fouet par l'effondrement des chemins de fer. Dans certaines villes, plus d'un tiers des ouvriers sont désœuvrés. Les ateliers de charité, ouverts par les municipalités, n'atténuent pas la misère galopante. La grogne monte. Des prospectus militants anonymes passent de main en main. Les murs des villes se couvrent de placards au ton menaçant : « Messieurs les marchands de blé, vous êtes priés de faire diminuer le prix du blé, sans quoi nous, ouvriers, serons obligés de vous donner la correction qui ne tardera pas. »

Encore une fois, la météo a mis le feu aux poudres. Elle a déclenché la crise. Elle l'entretient encore avec la grande crue historique de la Loire d'octobre 1846 où, en quelques heures, l'eau monte de quatre mètres. Par un effet de dominos, la crise s'accentue avec la politique patronale de baisse des salaires, qui attise et prolonge la colère. Encouragés par les opposants au régime, les ouvriers refusent désormais de travailler pour une bouchée de pain. Ils ne craignent plus de manifester et de se mettre en grève, un délit à l'époque, pour faire valoir leurs revendications : « Pétitionnez donc, pétitionnez, parlez vous-mêmes de vous-mêmes. La pétition, c'est la presse des masses », leur lance le député radical Ledru-Rollin. Les récriminations s'additionnent, les conflits locaux se multiplient. En juin, à Mulhouse, des manifestants se rassemblent pour réclamer sans succès une réduction du prix du pain. Des boulangeries sont saccagées, des magasins de grains pillés. La troupe ouvre le feu. Plusieurs ouvriers sont tués. Cet incident sanglant reflète la surdité du pouvoir à la misère populaire.

Refusant toute intervention des pouvoirs publics sur les marchés pour faire baisser les prix, comme il était d'usage lors des précédentes révoltes, la monarchie s'en tient à une ligne dure. Dans un premier temps, le gouvernement tente de nier la gravité de la crise météorologique et céréalière. Pendant des semaines, le ministre de l'Agriculture affirme que les récoltes sont satisfaisantes, qu'il n'y a ni lieu de s'émouvoir, ni raison de prendre des mesures particulières. Aux craintes de l'opinion, il oppose un optimisme aveugle. Quand les émeutes sporadiques se multiplient et que gonflent les appels à davantage de justice sociale, le gouvernement s'arc-boute sur ses principes économiques pour justifier son inaction. La maxime du « laissez faire, laissez passer » est alors en vogue. Certains maires, attentifs par démagogie ou par humanisme aux demandes du peuple, mettent en place des mécanismes de contrôle des prix. Mais ils sont immédiatement rappelés à l'ordre par les préfets.

Plus préoccupé par les intrigues parlementaires, le gouvernement ne veut voir dans les mouvements de contestation que l'action de quelques agitateurs socialistes ou républicains. Les autorités judiciaires sont encouragées à trouver des coupables qui sont sévèrement réprimés. Le patron du journal *L'Écho du Nord* est condamné à deux mois de prison pour avoir ouvert une souscription à soutenir les émeutiers de la faim de Tourcoing. À Lille, un ouvrier sans antécédent judiciaire est condamné – tel Jean Valjean – à trois ans de prison et cinq ans de surveillance pour le vol d'un simple pain. Il se tranche la gorge dans l'enceinte du tribunal. Le gouvernement exige l'application de la loi avec la plus grande rigueur, au nom de la préservation de l'ordre public, de la liberté du commerce et de la protection de la propriété. Pour soulager la misère, malgré des achats de grains à l'étranger au demeurant bien insuffisants et trop tardifs, Louis-Philippe, comme Néron jouant de la cithare pendant l'incendie de Rome, s'en remet à la charité privée.

Une affaire en particulier fait grand bruit. En janvier 1847, dans un gros bourg du Berry, des femmes s'attroupent autour d'un convoi de blé. Appelés en renfort, les hommes accourent pour décharger les sacs. Eux-mêmes surpris par leur audace, ils exigent le lendemain que le blé soit fourni à prix fixe jusqu'à la prochaine récolte. Sous la contrainte, le conseil municipal cède. En bande, les meneurs font alors le tour de tous les propriétaires terriens, notables et détenteurs de grains pour leur faire signer une lettre d'engagement. Mais la virée tourne au vinaigre. Armé d'une paire de pistolets, un propriétaire refuse de signer. Une balle est tirée, un émeutier tombe mort. Poursuivi par la foule, le meurtrier est achevé à coups de fourches, de bâtons, de pioches et de pavés. Une femme s'acharne en frappant avec ses sabots le cadavre éventré qui n'a plus figure humaine. Le tocsin de Buzançais sonne pour ameuter les villages voisins. L'anarchie se répand alentour.

Après plusieurs jours de pillage, qui voient moulins et châteaux envahis et parfois mis à sac, l'armée met fin à la mascarade. « Quels que soient les moyens de répression nécessaires, le gouvernement est déterminé à les employer. Force restera à la loi », proclame le préfet de l'Indre. L'affaire est jugée à Châteauroux. Vingt-cinq ouvriers, charpentiers et journaliers comparaissent. Leurs avocats font le procès de la misère : « Le peuple ne sait, ne voit qu'une seule chose, c'est qu'on emporte au loin le blé, sa seule nourriture. » Leur plaidoirie fait écho à la prophétie de Lamartine quelques mois plus tôt : « Le blé c'est la vie même du peuple ; or, on ne joue pas avec la vie. » Le jugement de la cour est cinglant. Trois des accusés sont condamnés à la guillotine, les autres aux travaux forcés ! À peine trois mois après la sédition, l'exécution se tient sur la place de Buzançais, un jour de marché. La place est vide, les volets restent clos. Mais les murs ont des oreilles. Le son du couperet résonne au-delà de la petite cité berrichonne…

Par sa sévérité, la condamnation marque les esprits dans la sphère politique et intellectuelle. Ledru-Rollin accuse le gouvernement d'avoir allumé les feux de la révolte en désignant les détenteurs de blé comme seuls responsables de la cherté des grains. George Sand, en voisine, fait part de son empathie dans une lettre à son cousin : « N'y a-t-il pas quelque chose de plus révoltant que de voir des hommes privés de tout perdre patience et demander du pain un peu haut ? C'est de voir des hommes gorgés d'argent refuser le nécessaire à leurs semblables et se frotter les mains en se disant que l'année est excellente pour faire de bonnes affaires sur les blés ! » Flaubert quant à lui, dans *L'Éducation sentimentale*, fait aussi allusion aux événements : « Rien de tout cela ne serait survenu si on protégeait mieux l'agriculture, si tout n'était pas livré à la concurrence, à l'anarchie, à la déplorable maxime du "laissez faire, laissez passer" ! [...] Mais qu'on y prenne garde ! Le peuple, à la fin, se lassera, et pourrait faire payer ses souffrances aux détenteurs du capital, soit par de sanglantes proscriptions, ou par le pillage de leurs hôtels. »

Même si elle n'a pas le droit de vote, la classe ouvrière a fait irruption dans l'arène politique depuis les barricades de juillet 1830. En réaction à l'attitude méprisante de l'État, la contestation gagne en virulence. La météo a ouvert la voie. Elle a porté sur le devant de la scène politique un discours aux accents de plus en plus révolutionnaires. Ils retentissent dans les rues et aux tribunes des banquets républicains organisés par l'opposition dans toute la France, au cours du second semestre 1847. Ce n'est plus du pain que l'on réclame, mais un changement de régime. « À bas le roi, la troupe est avec nous », proclame sur les murs un placard insurrectionnel. « *Nous demandons la République ; / Et que l'on brûle toutes les fabriques ; / Et toutes les filatures de coton ; / Car tous les peuples de la terre / Sont tombés dans une affreuse misère* », reprend un refrain populaire.

Portée par l'atmosphère de contestation politique et sociale qu'a accentuée la crise des subsistances, la République triomphe dans les esprits avant même de conquérir le pouvoir dans la rue. Louis-Philippe, qui n'a pas pris au sérieux les conséquences de la canicule de 1846, n'entend rien, ne veut rien savoir. « Ce ne sont pas les banquets de veaux froids ni les Bonaparte qui me désarçonneront », assène-t-il à l'ambassadeur de Belgique. Le roi s'enferme dans son aveuglement et ses certitudes. « Deux choses sont désormais impossibles en France : la révolution et la guerre », assure-t-il encore. Mais il se trompe, le « grand soir » ne fait plus peur au peuple. Le 22 février 1848, la révolution est dans les rues de Paris. Deux jours plus tard, la République est proclamée.

1954 – L'hiver de l'abbé Pierre
L'appel au secours

L'hiver de 1954 est glacial. Dans la France de l'après-guerre, les mal-logés souffrent. L'abbé Pierre lance un appel au secours à la radio. Un élan de charité sans précédent lui répond. C'est l'insurrection de la bonté.

Chaque année, le 1er novembre, lors de mes bulletins météo, j'annonce le début de la trêve hivernale des expulsions, que l'abbé Pierre a imposée à l'issue de l'hiver 1954. Mais n'oublions pas que la misère, comme me le faisait remarquer un responsable du Samu social, frappe tous les jours. Elle ne connaît pas de trêve, elle. Le froid réveille notre sensibilité et met en lumière le dénuement des sans-abri, c'est tout, mais ce n'est pas lui qui tue. Ni la pluie ni la neige. C'est dormir dans la rue qui tue. Toutes les alertes météo n'y changeront rien. Le triste succès des Restos du Cœur est là pour nous le rappeler. Il n'est pas le fait du froid mais du chômage de masse, de la pauvreté, du mal-logement, du manque de soins.

Alors, surtout, n'accusons pas l'hiver de tous nos malheurs. Il peut être rigoureux ou clément, peu importe. Ne nous trompons pas de combat. Si nous ne nous intéressons à ceux qui meurent dans la rue que lorsqu'il fait froid, ce n'est pas la faute du climat, à qui l'on fait déjà porter suffisamment la responsabilité de nos errements. C'est une dérive de nos sociétés. Le climat nous exonère de toute culpabilité puisque, c'est un fait, nous ne pouvons pas grand-chose à ses sautes d'humeur. Mais n'allez pas imaginer qu'une trêve freine ses ardeurs. Le plus souvent, l'hiver est loin d'être pacifique. Il en est toujours ainsi, aujourd'hui comme en 1954. En ce 7 janvier, dans la banlieue parisienne, un petit convoi funéraire s'ébranle dans un froid glacial. Devant le corbillard, tiré par deux chevaux, l'abbé Pierre marche appuyé sur sa canne, les épaules couvertes par une longue pèlerine noire, une grande croix autour du cou.

Deux jours auparavant, le curé a interpellé le ministre de la Reconstruction, dans *Le Figaro* : « Monsieur le ministre, le petit bébé de la cité des Coquelicots à Neuilly-Plaisance est mort de froid la nuit du 3 au 4 janvier, pendant le discours où vous refusiez les cités d'urgence. C'est à 14 heures, le jeudi 7 janvier, qu'on va l'enterrer. Pensez à lui. Ce serait bien si vous veniez parmi nous à cette heure-là. On n'est pas des gens méchants. On ne vous recevrait pas mal, croyez-moi. [...] Si vous veniez, on se dirait : après il saura, il deviendra autre [...]. On se dirait que ce chagrin-là n'aurait pas été humainement stérile [...]. Ne soyez pas une deuxième fois l'homme qui a dit non. »

Le ministre a répondu à l'appel. Derrière le cercueil, chapeau à la main et crâne chauve, Maurice Lemaire est bien présent. « Vous voyez, je suis venu ; bien sûr je n'ai jamais connu pareille misère, mais je ne suis pas incapable de comprendre », dit-il à l'abbé Pierre, en arpentant les baraquements de la cité d'urgence, où le jeune enfant est mort dans un vieux bus désaffecté. Son père, ouvrier aux usines Renault, a trouvé refuge dans cet abri précaire, faute d'habitation disponible. Il faut dire que, dans la France des années d'après-guerre, la crise du logement est aiguë. Elle touche aussi bien les chômeurs que les « honnêtes travailleurs », comme on dit à l'époque. Les bombardements et les destructions de la guerre ont poussé à la rue un grand nombre de Français. Au début des années 1950, près d'un million de personnes, dont 500 000 en région parisienne, vivent encore à l'hôtel. Or non seulement la France manque de logements, mais elle regorge par dizaines de milliers d'immeubles insalubres ou au bord de la ruine.

Forts de nos commodités actuelles, nous avons du mal à imaginer ce que sont alors les conditions d'habitation. Rien qu'à Paris, 20 % des logements n'ont pas l'eau courante, 25 % pas le gaz pour se chauffer, 56 %

pas de WC et 84 % pas de baignoire. Devant l'ampleur de la crise, l'Office public d'habitation de la Seine édite un « cahier noir » sous-titré « Descente aux enfers des mal-logés et des sans-abri ». Dans les rues de Paris, des comparses de l'abbé Pierre défilent en silence avec pour seul slogan sur leurs pancartes : « Donnez-leur un toit aujourd'hui. » Au Conseil de la République, le sénateur Léo Hamon interpelle, début janvier 1954, le gouvernement en ces termes : « Et que penser du mot de ce misérable qui, suivant le convoi funèbre de l'un de ses voisins de taudis, disait mélancoliquement : “Il aura encore plus de place, mort, qu'il n'en avait vivant, car la place d'un cercueil, c'est plus que la surface habitable habitée par chacun dans une pièce occupée par six personnes” [...] ? Je vous demande de penser également qu'à côté du permis de construire pour les maisons, il doit bien y avoir aussi toujours pour les hommes un permis de vivre. » C'était ça, la France de l'après-guerre !

Les coups de froid successifs de l'hiver 1954 poussent soudain sous les feux de l'actualité l'abbé Pierre et sa croisade contre la misère. Les températures les plus extrêmes frappent le pays au début du mois de février. Dans les plaines de Seine-et-Marne, elles dégringolent en dessous de -20 °C. À Perpignan, il tombe 1 mètre de neige dans les rues et, sous le poids de cette invitée surprise, les toitures de plusieurs bâtiments s'effondrent. La Côte d'Azur est tout de blanc vêtue. Malgré l'interdiction préfectorale, les patineurs se bousculent sur le Grand Canal de Versailles, sur le lac d'Enghien et sur les étangs du bois de Boulogne. L'économie subit de plein fouet les assauts de l'hiver. De nombreuses rivières et canaux sont gelés. Le trafic fluvial est paralysé. Des péniches chargées de charbon sont bloquées. Le port de Dunkerque est pris dans les glaces. Aux Halles parisiennes, les arrivages se réduisent et, par ricochet, le cours des légumes flambe. En quelques jours, les prix des poireaux sont multipliés par cinq et ceux des laitues par deux. La consommation de gaz et d'électricité bat des records, mais plusieurs milliers de Parisiens en sont privés à cause du gel des installations. Dans certaines villes, les canalisations d'eau sont obstruées par la glace et les habitants font la queue, des seaux à la main, devant les rares maisons épargnées.

Cette vague de froid, qui balaye l'Europe et s'étend jusqu'à Oran en Algérie, fait déjà plusieurs dizaines de victimes en France. En une seule journée, on dénombre plus de trente morts. L'hiver ne tue pas que dans la rue, mais aussi nourrissons et personnes âgées à l'intérieur des logements sans chauffage. L'un est décédé dans un grenier à Pontoise, un autre dans une cabane à Sarcelles. L'offensive hivernale est une tragique et formidable caisse de résonance pour l'appel lancé par l'abbé Pierre. Au matin du 1er février 1954, l'ancien résistant et député de Meurthe-et-Moselle apprend la mort, à

Paris, dans la rue, d'une femme qui tient serré entre ses doigts gelés son avis d'expulsion. C'en est trop ! L'abbé rédige rapidement quelques lignes et se précipite dans les studios de Radio Luxembourg. Il sait l'efficacité de la médiatisation. Il y a quelques mois, il a participé au populaire jeu radiophonique « Quitte ou double » pour tenter de décrocher la cagnotte afin de financer ses œuvres caritatives. À la fin de l'émission, il a, un brin provocateur, apostrophé les auditeurs : « Combien allez-vous m'envoyer pour bâtir des logis aux sans-logis ? » Aussitôt, les dons ont afflué.

À midi ce jour-là, sur l'antenne de Radio Luxembourg, c'est un appel au secours, une exhortation à la charité et à l'ouverture de « centres de dépannage » qui retentit. « La météo annonce un mois de gelées terribles. Tant que dure l'hiver, que ces centres subsistent, devant leurs frères mourant de misère, une seule opinion doit exister entre les hommes : la volonté de rendre impossible que cela dure. Je vous prie, aimons-nous assez tout de suite pour faire cela », lance aux Français le curé des mal-logés. Immédiatement, le sermon fait mouche. Touchés par la simplicité de ses propos, des milliers de bénévoles et de donateurs se mobilisent. C'est le début de l'insurrection de la bonté. Dans la précipitation, l'abbé Pierre a donné l'adresse de l'hôtel Rochester, rue de La Boétie, dans les beaux quartiers parisiens. La propriétaire lui a récemment proposé de lui donner un coup de main. Le hall de l'établissement est envahi dans l'heure par une foule de Parisiens, les bras chargés de couvertures et de vêtements.

Au cours de cet hiver glacial, la croisade de la charité rencontre un succès inattendu. Piqués au vif par cet élan de générosité soudain, les pouvoirs publics prennent des mesures d'urgence. En plus de l'ouverture habituelle des postes de police aux sans-abri pendant les périodes de grands froids, quelque 1 500 centres d'hébergement voient le jour dans les heures qui suivent. Les mairies d'arrondissement parisiennes ouvrent des salles d'accueil pour la nuit ; la SNCF met à disposition le hall de la gare d'Orsay ; la RATP donne accès à cinq stations de métro fermées au public ; Gaz de France propose des salles chauffées dans ses usines. Des dortoirs sont provisoirement installés dans les hôpitaux, qui procèdent à des distributions gratuites d'aliments chauds. L'abbé Pierre a réussi son pari, il a vaincu le climat ! « À 13 h 15, je sortais du studio de la radio. Cinq minutes plus tard, 2 mètres cubes de vêtements et de couvertures avaient déjà été déposés dans le hall de mon hôtel. Maintenant les dons continuent d'y affluer, et les PTT ont dû installer cinq lignes de téléphone supplémentaires », se réjouit-il, le soir même, en accueillant les volontaires venus le rejoindre sur la montagne Sainte-Geneviève où il a fait dresser, quelques jours auparavant, une grande tente.

Une longue ovation accompagne l'intervention du fondateur d'Emmaüs. Ils sont un millier rassemblés autour de lui, prêts à sillonner Paris pour secourir les sans-abri. Dans une fiévreuse agitation, des convois de voitures, de taxis, de camionnettes se forment à destination des Halles ou des quais. Toute la nuit, c'est un incessant va-et-vient vers les centres d'hébergement d'urgence. « La nuit de la charité », titre le lendemain *France-Soir* sur huit colonnes. Partout, les initiatives de solidarité se multiplient. En cinq jours, 120 tonnes de vêtements, de linge et de couvertures sont amassées. Des collectes sont organisées. Chèques, mandats et argent liquide arrivent de toute part à l'hôtel Rochester, où l'abbé Pierre a installé son quartier général. Personne n'a rien prévu pour collecter les billets. On finit par en remplir les baignoires des chambres. Tout le monde est pris de court. Face à l'entassement des colis et des vêtements qui encombrent le hall, la direction de l'hôtel est forcée de renvoyer ses clients. L'un d'entre eux laisse ses bagages en guise de contribution.

Au cœur de l'hiver, l'hôtel de la rue de La Boétie est devenu le carrefour grouillant de toutes les bonnes volontés et de tous les nécessiteux. Devant la porte de service, chaque matin, une longue file de misère se forme. L'un cherche du travail, un autre un logement, un troisième n'a pas mangé depuis deux jours, le suivant réclame des habits chauds pour ses enfants. La jeune garde de l'abbé

Pierre fait face. Installé dans une chambre de l'hôtel, le secrétariat ressemble à un bureau d'état-major de campagne. Alignées sur les murs et recouvrant la tapisserie, de grandes enveloppes beiges, sur lesquelles est inscrit un simple prénom, servent de « boîtes aux lettres ». À côté sont punaisés les articles de presse consacrés à l'abbé Pierre. En quelques jours, l'apôtre de l'hôtel Rochester, celui que *Le Canard enchaîné* surnomme « saint Jean-Bâtisse », est devenu une icône, qui fait la une de *Paris-Match*, un enfant dans les bras, et déplace les foules.

Bravant le froid, 6 000 Parisiens se pressent un dimanche matin de février dans le vaste cinéma Gaumont Palace de la place Clichy pour l'écouter. « Cette réunion clôt la première étape de notre action : celle de l'enthousiasme. C'est l'âme commune de la France totale qui a été rassemblée au cours de ces derniers jours, et il faut que cela continue », avertit d'emblée l'abbé Pierre. Grâce à la pression de l'opinion publique, le curé-bâtisseur a gagné une première bataille. Quelques jours plus tôt, le gouvernement a débloqué les crédits pour l'édification de 12 000 logements d'urgence. « Mais ce n'est rien, car il en faudrait 300 000 pour la France entière », proclame l'abbé. Cet hiver polaire a réveillé les consciences, il n'est pas question que les beaux jours les endorment. « Quels que soient les hommes au pouvoir, nous continuerons de jouer notre rôle de puce asticoteuse », ajoute-t-il.

Deux ans plus tard, plusieurs vagues de froid frappent de nouveau la France. Le Rhône, la Garonne et la Dordogne charrient d'énormes blocs de glace ; la Seine est complètement recouverte par la banquise ; les trafics maritime et ferroviaire sont perturbés ; la circulation automobile est paralysée dans de nombreuses régions par le verglas. Faute de charbon, des écoles ferment pendant plusieurs jours. Dans certains bureaux, l'air est si glacial que les secrétaires tapent à la machine à écrire avec leurs gants. Le mois de février 1956 se révèle même le plus virulent du XXe siècle en France. Ce n'est pas un hasard s'il sera surnommé le « rude hiver ». Même la presqu'île de Saint-Tropez est coupée du monde par une violente tempête de neige et les villages doivent être ravitaillés en traîneau ou en hélicoptère. À Melun, on fait sauter à la dynamite un énorme amas de glace qui menace d'emporter un pont sur la Seine ; le souffle fait exploser les vitres des maisons environnantes. Dans l'Est, où les températures atteignent -25 °C, les perdrix, les lièvres et les renards sont retrouvés congelés dans les champs. Dans les potagers, on verse de l'eau chaude au pied des poireaux pour dégeler la terre et les arracher. Les images du défilé du carnaval de Nice sous la neige font le tour du monde.

Avec ce froid sibérien, l'appel de 1954 connaît un regain. La croisade de l'abbé Pierre reprend de plus belle. Ses compagnons font un nouveau coup de force pour attirer l'attention sur les mal-logés. En pleine nuit, à l'aide de panneaux de préfabriqués, ils transforment deux arches d'un viaduc parisien en habitation. L'abbé fait également des émules. Les comités locaux d'aide aux sans-logis multiplient les opérations de squattage des logements inoccupés. Puis, avec le soutien financier d'une grande marque de lessive, qui a reproduit sur ses barils son appel au secours, l'abbé Pierre fait construire, sur les quais de Paris, une maison témoin, imaginée par l'architecte Jean Prouvé. Montée en une journée par les compagnons d'Emmaüs, la « maison des jours meilleurs » attire une foule de visiteurs curieux qui bravent le givre, encouragés par les commentaires élogieux de Le Corbusier. C'est « la plus belle maison que je connaisse : le plus parfait moyen d'habitation, la plus étincelante chose construite. [...] Et c'est l'abbé Pierre qui la lui a commandée ! » s'exclame le grand architecte.

Malgré tout, la vague de froid fait plusieurs dizaines de victimes en France. Et malheureusement, les habitants des cités d'urgence de l'abbé bâtisseur ne sont toujours pas les mieux lotis. Ils sont d'ailleurs sur le point de rejoindre les rangs des mal-logés dont on avait cru les sortir. Inaugurées en fanfare quelques mois auparavant sous un beau soleil printanier, certaines de ces habitations bon marché, dont la construction a été bâclée avec des matériaux de mauvaise qualité, n'ont pas résisté aux premiers assauts du temps. Elles se fissurent, se couvrent de taches d'humidité et menacent déjà de se transformer en taudis. Les dégâts sont visibles à l'œil nu. « Les lézardes zèbrent les murs, obturées souvent au mastic par les locataires. Les canalisations d'eau en matière plastique, les compteurs posés à la diable ont sauté. Chambranles de portes, encadrements de fenêtres ont déjà commencé de se disloquer au début de la saison pluvieuse », rapporte un journaliste du *Monde*. Les cités d'urgence ressemblent à un pansement humide sur une jambe de bois.

Nullement découragé, l'abbé Pierre poursuit pourtant son combat. Tout juste sorti de l'hôpital, il tient, chaque dimanche à la télévision, le cycle de ses causeries de carême sur les grandes détresses du monde. Au cœur de la vague hivernale, il appelle les chrétiens à « se révolter contre l'absurde » et à exiger la création d'une véritable industrie du bâtiment. C'est au Parlement que son inlassable combat est sur le point de remporter une victoire d'importance. Les rigueurs du froid ont de nouveau porté sur le devant de la scène politique la question des sans-abri. À la fin 1956, un projet de loi est discuté qui vise à surseoir à toute expulsion pendant les mois d'hiver. La discussion est vive dans les travées de l'Assemblée. « Je vous demande donc comment on oserait appliquer votre proposition dans le cas d'un occupant qui serait entré de force dans les lieux, en squatteur, le 2 novembre ? » fait valoir un député qui s'oppose au projet. « Ainsi vous allez instaurer un “froid légal” ; vous allez dire : “À partir de tel jour, il fait froid et à partir de tel autre jour, il ne fait plus froid” », objecte un autre.

Néanmoins, les défenseurs de la proposition en appellent au devoir d'humanité et, au début de la saison froide suivante, la loi est adoptée et immédiatement appliquée. Elle prévoit de suspendre toutes les expulsions pendant les trois mois d'hiver. Il aura fallu deux années de lutte acharnée, au cœur des conditions les plus difficiles du XXe siècle, et la détermination sans relâche de l'abbé Pierre pour imposer cette trêve hivernale. Elle a depuis été rallongée, s'étendant désormais du 1er novembre au 15 mars. Mais la misère n'a pas disparu pour autant. « La misère est une maladie du corps social comme la lèpre était une maladie du corps humain ; la misère peut disparaître comme la lèpre a disparu », s'époumonait déjà Victor Hugo à l'Assemblée nationale. Il faut relire son discours. Je vous y encourage. Il n'a en rien perdu de sa vigueur et de sa pertinence. « Détruire la misère ! Oui, cela est possible ! » espérait le poète.

PARTIE III

LA POLITIQUE S'EN MÊLE

1856 – Les grandes inondations Napoléon III surgit des eaux

Tous les fleuves sont en crue. En sauveur, l'empereur se précipite sur les lieux de la catastrophe. L'opération de communication est une réussite. Elle se double d'une avancée majeure : la mise en place d'une politique publique de prévention.

Au lendemain des inondations meurtrières qui ont frappé le Var en 2010, causant près d'une trentaine de décès, le ministre de l'Intérieur de l'époque, Brice Hortefeux, était sur place. Cinq jours plus tard, c'était au tour du président de la République, Nicolas Sarkozy, de se déplacer pour manifester la solidarité de la nation. Ces voyages compassionnels sont devenus un exercice obligé pour les dirigeants politiques. Mais, contrairement à ce que j'ai longtemps imaginé, ce ne sont pas les caméras de télévision qui ont poussé à la popularisation de ces déplacements. Non, il faut remonter plus loin dans le temps pour en trouver les origines. C'est Napoléon III qui a inauguré ce type de voyage, lors des grandes inondations de la Loire et du Rhône en 1856. Et l'Histoire m'a appris que ce n'est pas si étonnant que cela.

D'abord, parce que c'est l'époque du télégraphe, qui accélère la diffusion de l'information, et du chemin de fer triomphant, qui démocratise les déplacements. Féru d'innovation, Louis-Napoléon Bonaparte est un passager fervent des trains. Ainsi, à l'été 1852, celui qui n'est encore que le président de la République fait une grande tournée des provinces de France pour préparer le prochain rétablissement de l'Empire. Sautant d'un wagon à l'autre, il est en juillet dans l'Est. À l'automne, il voyage pendant plus d'un mois, parcourant le Centre et le Sud. Il visite Bourges, Lyon, Grenoble, Marseille, Toulon, Montpellier, Narbonne, Toulouse, Bordeaux, La Rochelle… Ensuite, parce que, après la proclamation du second Empire, marqué du sceau du coup d'État de 1851, Napoléon III a besoin de fonder sa légitimité sur sa popularité.

L'empereur des Français a le sens du spectacle. Il s'en sert pour séduire l'opinion publique, dont il a grand souci, et faire oublier les affres d'un régime autoritaire. Le faste des fêtes de la Cour propage l'image d'un pays prospère, fascine les élites invitées autant qu'il encourage l'initiative et la marche du progrès. Ces voyages en province deviennent une institution. Ils participent eux aussi de la mise en scène du pouvoir. « Le peuple était fier de la familiarité pleine de confiance avec laquelle, en toutes circonstances, l'empereur et l'impératrice se mêlaient à ses rangs », rapporte un admirateur zélé, faisant le récit d'un voyage en Bretagne. Nourri des idéaux socialistes, l'empereur ne manque jamais une occasion d'afficher, au cours de ses déplacements, sa proximité avec les « petites gens ». Recevant une délégation d'ouvriers lyonnais, il leur assure que le bien-être des classes laborieuses sera l'objet constant de sa sollicitude. « Son dada, c'est le peuple ! » ironise-t-on dans les salons bourgeois.

Ce n'est donc pas une surprise si la première réaction de Napoléon III, lors des inondations de juin 1856, est de se rendre immédiatement en train sur les lieux de la catastrophe. Voici ce qu'en a rapporté la presse : « L'Empereur est parti aujourd'hui pour Lyon. Sa Majesté a voulu présider en personne aux secours à porter aux victimes des inondations du midi de la France. » Depuis le début du mois de mai, la pluie n'a cessé de tomber. Les cours d'eau ont grossi à vue d'œil et dans des proportions alarmantes, avant de sortir de leur lit. Le Rhône, la Saône, la Loire, la Garonne et leurs affluents sont en crue. Des digues cèdent. Les plaines riveraines sont inondées, les rues des villes fluviales submergées. Dans le Massif Central, les voies de chemin de fer sont coupées en plusieurs endroits le long de l'Allier. Le trafic est interrompu aussi sur les lignes qui longent la Loire et le Rhône. Des torrents de boue, charriant des arbres et des blocs de rocher, emportent les routes. D'heure en heure, les préfets informent le gouvernement, par télégraphe, de la montée des eaux et de l'évolution des inondations.

Dans certaines régions, la situation est dramatique. À Lyon, la rupture d'une digue provoque une tragédie. Toute une partie de la ville est brutalement envahie par les eaux. Hommes, femmes et enfants, terrifiés, prennent la fuite. Les fragiles immeubles de pisés se disloquent et s'effondrent dans un vacarme assourdissant. « Je n'oublierai jamais ces maisons s'écroulant sous l'effort de l'eau, les murailles enlevées, détachées par pans, laissant voir l'intérieur du logis à tous les étages ; des lambeaux de papier à fleurs, des portraits accrochés dans le vide, des meubles suspendus en l'air, ne tenant plus qu'à l'équilibre d'une pierre, une petite cage où un oiseau s'égosillait devant sa graine encore fraîche », rapportera Alphonse Daudet, qui a passé son enfance à Lyon.

La nuit est emplie des appels au secours des rescapés qui ont trouvé refuge sur les toits ou qui s'accrochent désespérément à des morceaux de mur encore debout. Des centaines de bateaux transportés sur des charrettes et des fourgons d'artillerie sont dépêchés pour les opérations de sauvetage. Les pompiers et les mariniers font des ronds dans l'eau pour soustraire les survivants aux édifices qui menacent de tomber en ruine. Des hommes se noient, des animaux sont emportés. Dans les rues inondées, circulent « des radeaux pleins de femmes, d'enfants, de bœufs, de chevaux, de matelas, de meubles ». Alors que des quartiers entiers sont anéantis, les sinistrés sont accueillis dans les forts et les églises. L'archevêché en personne ouvre ses portes. L'armée est mobilisée pour venir en aide aux victimes.

Sur la Loire, plusieurs levées édifiées pour canaliser le fleuve se rompent. Par les brèches, des torrents violents pénètrent dans les terres, emportant tout sur leur passage. Les eaux creusent des gouffres parfois profonds de plus de dix mètres. Villages et bourgs sont dévastés. Des églises, des ponts et des maisons s'affaissent. « Un bruit formidable éclate ; la levée s'écroule, emportée par un déluge qui se précipite d'une hauteur de cinq mètres ; une vapeur épaisse s'élève au-dessus de la trombe qui tourbillonne : l'abîme est ouvert ! Les maisons tombaient… tombaient. Un bâtiment croulait tout d'une pièce jusqu'au-dessous de ses fondements ; un nuage de poussière et de vapeur se balançait un instant… Puis, plus rien… Puis un autre… Puis un autre… », raconte un témoin. Des corps sont retrouvés suspendus aux arbres, accrochés aux haies ou ensevelis sous le sable qui a envahi les maisons.

Lors des précédentes catastrophes, le pouvoir avait jusque-là brillé par son attentisme, ne réagissant que lorsque la sécurité du pays était menacée. Napoléon III rompt avec cette tradition. Avec une réactivité remarquable, il se précipite au chevet des populations, sans attendre que les eaux se soient retirées et que les haillons humides des rescapés aient eu le temps de sécher. À Lyon, il ne trouve que ruine et désolation. Quelque 20 000 personnes sont sans abri. Renouant avec l'image du souverain protecteur, l'empereur parcourt à cheval les quartiers dévastés. Devant lui, émergent des eaux les ruines des habitations : ici un pan de mur, là un bout de toit brinquebalant dangereusement. Les sinistrés campent sur les chaussées, les quais et les bandes de terrain encore au sec, au milieu des débris de leur mobilier. Quelques-uns se sont créé des abris de fortune avec des toiles, des planches, des fragments de meubles.

La visite est un succès pour l'empereur. Non sans complaisance, la presse aux ordres se charge de le faire savoir : « C'était un grand et émouvant spectacle que celui de cette population réunie sur les débris de ses habitations renversées, se livrant à des transports d'enthousiasme et de reconnaissance pour la généreuse pensée qui avait amené Sa Majesté au milieu d'elle. » La tournée impériale des villes inondées se poursuit par des haltes à Valence, Avignon et Arles. Pour atteindre Tarascon, coupé du monde par les eaux, Napoléon III traverse en barque les champs inondés à la rencontre des habitants réfugiés dans les étages supérieurs et sur les toits des maisons. Puis, il visite Orléans, Blois, Angers et Tours, touchées par la crue de la Loire. Là, les mêmes paysages de désolation s'offrent à lui. Sur les rives du fleuve, les champs ne sont plus qu'un marécage, un désert ensablé, rempli de cailloux et de limon. Les récoltes sont perdues. Une odeur pestilentielle monte de l'eau stagnante. À la place des routes, des précipices se sont creusés. Les flots ont remué la terre des cimetières et déterré des squelettes. Accrochés aux arbres, ils teintent le paysage d'une cruelle touche fantastique. Et toujours, cette foule de sans-abri muette et effrayée qui campe au milieu des ruines, sur les bords des cours d'eau.

En chemin, Napoléon III n'oublie pas de s'arrêter aux ardoisières de Trélazé, où une émeute a éclaté l'année précédente. Sa visite est un geste politique fort. L'empereur a saisi tout le bénéfice qu'il pouvait en tirer. Comme à chaque étape de son périple, il fait étalage de sa sollicitude et de son empathie, distribuant des fonds aux autorités locales pour assurer les premiers secours. Dans chaque ville, les mêmes scènes de gratitude populaire sont rapportées et abondamment relayées par la presse. Muselée, celle-ci loue le dévouement des sauveteurs qui extirpent des eaux des survivants à bout de force et les manifestations habituelles de charité. Au milieu des scènes de détresse et de solidarité, une silhouette domine toutes les autres : Napoléon III. L'emphase n'est alors jamais de trop pour évoquer sa valeureuse initiative : « L'empereur leur est apparu comme une seconde providence. Sa marche s'accomplit au milieu des larmes de la reconnaissance et des bénédictions publiques. Jamais l'amour et le dévouement réciproques d'un peuple et de son souverain ne s'étaient montrés d'une manière plus éclatante. » N'en jetons plus, la cour est pleine… d'eau !

Vous imaginez bien qu'en lisant les comptes rendus de la tournée impériale, la tentation est grande de n'y voir qu'une vile et vaine opération de propagande. La visite du Salon parisien de 1857, où plus de 400 000 personnes se pressent devant les peintures exposées, conforte cette impression. L'inondation est partout sur les murs. L'empereur aussi. Il aurait pu remercier le ciel qui a mis tous les éléments à son service ! Là, il est représenté à Lyon, dressé sur son cheval, aux pieds duquel des mères, pataugeant dans l'eau, tendent leur enfant à bout de bras. Le voici à Angers au milieu des sinistrés, parmi lesquels une femme agenouillée joint les mains comme en prière. Le voilà encore à Tarascon, debout dans sa barque, face à un homme qui, à la façon d'une Pietà, veille son épouse étendue sur ses genoux. Cela ne fait de doute pour personne : tous ces tableaux académiques ont été commandés par l'État ; ils glorifient la bienveillance paternaliste de Napoléon III, empruntant sans vergogne à l'iconographie pieuse pour dessiner l'image d'un souverain sauveur et protecteur. Du *storytelling* déjà, diraient aujourd'hui les spécialistes de la communication.

La tournée des provinces inondées est une indéniable opération de séduction politique. L'empereur excelle dans ce genre d'exercice depuis la campagne présidentielle de 1848 qui l'a porté au pouvoir. « L'opinion publique a toujours été la grande préoccupation de Napoléon III. Lorsque, dans une occasion solennelle, il proclamait que la victoire appartient toujours à l'opinion publique, il exprimait une des convictions les plus arrêtées de son esprit, et le résumé de son expérience », écrit le journaliste bonapartiste Cucheval-Clarigny. Avec ce déplacement au plus près de la catastrophe, l'empereur inaugure le genre du voyage compassionnel. Mais n'y voir qu'une opération de glorification personnelle serait réducteur. La visite impériale est aussi l'occasion pour le souverain d'incarner une autre conception de l'État en rupture avec les régimes précédents.

Napoléon III ne se contente pas de réconforter les victimes, ni de distribuer des subsides ponctionnés sur sa cassette personnelle. Fervent promoteur du progrès scientifique et technique, partisan de réformes sociales, il trouve dans la catastrophe une situation propre à faire valoir des principes qu'il a longtemps professés sans toujours les mettre en œuvre lorsqu'il fut au pouvoir. Pour la première fois, l'État est aux commandes. La gestion de la crise est son affaire. Même si les secours aux victimes restent limités, cet interventionnisme assumé et revendiqué est une grande nouveauté : celle de vouloir donner le premier rôle à l'État. Le plan d'action est un mélange de mesures sociales et de réformes techniques ou administratives, souvent originales.

Conscient le premier des enjeux politiques du climat comme de son incapacité à le maîtriser, l'empereur fait voter, dès le lendemain des inondations, des crédits extraordinaires afin d'entreprendre les travaux de réparation les plus urgents et mobilise la troupe pour les mener à bien. Il décide aussi d'une exemption d'impôts pour les propriétaires des domaines inondés. Il met en place une commission centrale de secours pour gérer le fruit des souscriptions publiques et privées et garantir ainsi une meilleure équité dans la répartition des fonds. Il lance enfin un programme de grands travaux pour lutter contre les crues des fleuves. Napoléon III prend lui-même la plume pour indiquer au ministre des Travaux publics la marche à suivre. Sa lettre est celle d'un ingénieur, épris de technique et soucieux que « les fleuves, comme la révolution, rentrent dans leur lit, et qu'ils n'en puissent plus sortir ». Au diable les digues d'antan ! Elles ne servent qu'à « rejeter l'eau sur son voisin », juge l'empereur. Place désormais aux barrages :

« il faut faire en petit ce que la nature a fait en grand », justifie-t-il, citant en exemple le lac Léman.

Avec l'énergie du visionnaire, Napoléon III fixe ainsi les bases d'une politique publique de prévention. Il s'élève contre la traditionnelle inaction de l'État : « On a fait des rapports très lumineux, mais aucun système n'a été adopté, aucune impulsion nettement définie n'a été donnée. » Cette extension du champ de la responsabilité du pouvoir central, bien qu'elle soit passée quelque peu inaperçue à l'époque, n'en est pas moins une évolution majeure. C'est une étape importante dans la constitution de l'État moderne. Les colères de la nature étaient jusque-là considérées comme des fléaux du ciel, contre lesquels chacun devait se protéger individuellement, comme il pouvait. Napoléon III affirme cette fois le rôle de l'État protecteur. Comme il le déclare, il y a « nécessité, sans arrêter le progrès, de venir en aide à ceux qui ne peuvent suivre sa marche accélérée ». Pas si surprenant. L'empereur est un homme de son époque. Il a fréquenté les penseurs socialistes, lu leurs œuvres. Baignant dans cette atmosphère bouillonnante d'idées nouvelles, il a même publié, en 1844, *L'Extinction du paupérisme*, dont le titre et l'esprit reflètent l'air du temps.

« L'important, c'est que le gouvernement, quelle que soit sa forme, s'occupe du bonheur du peuple », proclame-t-il prophétiquement dans *Des idées napoléo-*

niennes. Cette maxime n'est pas qu'un vœu pieu. Elle inspirera l'action du gouvernement en plusieurs circonstances. Si la crise de 1853-1857 – due aux intempéries qui ont entraîné une série de mauvaises récoltes et fait grimpé les prix des produits alimentaires – n'a laissé que peu de traces dans les livres d'histoire, c'est en partie grâce à l'action rapide et efficace de Napoléon III. La création d'une Caisse de la boulangerie, destinée à garantir un prix fixe du pain, en est l'illustration. L'empereur a appris des erreurs de son prédécesseur, Louis-Philippe, dont le refus d'intervenir en cas de catastrophe climatique comme de conflit et l'incapacité à envisager les conséquences de son inaction ont précipité la chute. Cette volonté de ne plus subir politiquement les infortunes de la nature demeure aussi la grande leçon des inondations de 1856 !

1910 – La crue centennale
Le progrès prend l'eau, la République est sauve

On circule en barque dans Paris. Électricité, métro, chemin de fer… plus rien ne marche. Mais dans l'urgence, l'État fait front. L'unité s'affiche au-dessus des partis politiques.

Qui se souvient de l'hiver 1962-1963 ? En France, il fut le plus long du XXe siècle, causant la mort de plus de 30 000 personnes. Le bassin d'Arcachon était pris par les glaces et Marseille recouverte d'un épais tapis blanc, le charbon manquait pour chauffer les HLM, des toits d'usine s'écroulaient sous le poids de la neige… Qui se rappelle les inondations de 1930 ? En mars, toute une partie du Sud-Ouest était sous les eaux. Bilan : 210 morts, 10 000 sinistrés, des dizaines de kilomètres de voies ferrées et de routes emportées et près de 3 000 maisons détruites… Qui se souvient de la vague de froid de février 1956 ? Au cours du mois le plus glacial du XXe siècle, une banquise de 3 mètres d'épaisseur recouvrait la Seine et des dizaines de milliers d'oliviers trouvaient la mort…

Ces événements, aussi catastrophiques ou spectaculaires soient-ils, ont disparu peu à peu de la mémoire collective. Il est cependant un épisode climatique lointain qui a échappé au marasme de l'oubli. Chaque année, un rapport officiel alarmant vient en ranimer le souvenir. La dernière crue de la Seine a beau avoir eu lieu en 1910, personne ne l'a oubliée : son spectre hante les esprits, du moins à Paris. C'est même le phénomène inverse : plus les années passent et plus la crainte d'une nouvelle inondation de grande ampleur de la Seine augmente. Les scénarios-catastrophes avancent des chiffres alarmants : un million de personnes privées d'électricité, 1,5 million d'habitants sans eau potable, 63 000 emplois détruits... Des plans de crise sont même élaborés par les autorités pour gérer au mieux l'éventuelle crue centennale.

Même à TF1, dont les studios de Boulogne-Billancourt sont situés en bord de Seine, une stratégie de poursuite de l'activité a été mise en place. Des studios de secours éloignés du fleuve sont prêts à nous accueillir si les locaux devenaient inaccessibles. J'ai eu l'occasion de les visiter : les équipements sont du dernier cri. De temps à autre, des tests sont effectués afin de vérifier qu'ils sont toujours opérationnels. Régulièrement, une journée d'exercice de simulation est organisée. Toutes les émissions pourront être diffusées depuis ces studios ; les journaux télévisés et les bulletins météo, y être réalisés. En cas de crue, il est bien entendu essentiel de pouvoir informer la population de l'évolution des événements, des mesures de sécurité et de la conduite à tenir. Et nous y sommes préparés. Cela n'empêchera pas des dégâts importants, mais il est primordial de continuer à communiquer pour éviter les comportements à risque.

Et comme, en dépit des progrès scientifiques de ce début de siècle, on ne maîtrise toujours pas la météo… La crainte d'une nouvelle crue centennale de la Seine est à la mesure des titres des journaux de 1910, qui rivalisent alors de sensationnalisme : « Un fléau national », « Une catastrophe sans exemple », « L'affreux cauchemar », « La désolation partout », « Scènes d'angoisse et visions d'horreur », « La famine et l'épidémie en perspective ». Certes, le 28 janvier, la Seine atteint, au pont de la Tournelle, la cote de 8,50 mètres. Du jamais-vu depuis 1658 ! Mais le fleuve n'a pas la furie sauvage des rivières du Midi, qui dévalent les pentes comme cheval au galop et emportent tout sur leur passage. Il est monté tranquillement et inexorablement, gagnant centimètre par centimètre. Et si les images du Paris envahi par les eaux sont aussi spectaculaires que surprenantes, les victimes se comptent sur les doigts de la main. Par comparaison, le violent séisme qui a frappé la Provence au mois de juin précédent, d'une magnitude de 6,2, a fait 46 morts et 250 blessés.

Mais que d'encre, que d'encre coule lors de la crue de la Seine ! La couverture médiatique est à la mesure du saisissement des Parisiens face au spectacle de la ville inondée. Ce n'est pas tant l'effroi qui les étreint que la sidération. « Comment est-ce possible ? » murmurent-ils. Paris, la Ville Lumière ; Paris, le temple de la modernité. Les souvenirs de la monumentale Exposition universelle de 1900 sont encore dans toutes les mémoires. Construits pour l'occasion, les gares de Lyon et d'Orsay, le Grand Palais et le pont Napoléon III, la première ligne du métropolitain et le funiculaire de Montmartre le rappellent quotidiennement : Paris est la vitrine du monde. Comment imaginer une telle catastrophe ? Personne ne l'a vue venir. Et pourtant, les épisodes pluvieux qui se succèdent depuis la fin de l'été ont laissé les sols gorgés d'eau…

L'époque est belle et Paris est une fête. Le progrès triomphant mène le bal. Il marche à grands pas et les arts battent la cadence. Les nuages de la Première Guerre mondiale n'obscurcissent pas encore l'horizon. L'année 1910 a d'ailleurs débuté en fanfare avec la mise en service de la première ligne de métro qui traverse la Seine. Elle commence dans l'insouciance des lendemains qui chantent, comme la précédente s'est achevée. 1909, c'est la foule qui se presse au Grand Palais pour la toute nouvelle Exposition internationale de locomotion aérienne. Louis Blériot qui, quelques semaines auparavant, a effectué la première traversée de la Manche, en est la vedette. Je me rappelle comme cet extraordinaire exploit me fascina, enfant, moi qui rêvais tant de voler ! 1909, c'est aussi l'industriel forain Pathé qui transforme le cinéma en une machine commerciale à grand spectacle : 100 kilomètres de film sortent chaque jour de ses usines de Boulogne-Billancourt. 1909, c'est encore l'ouverture du *Luna Park* de la porte Maillot, avec ses attractions à l'accent américain, « Scenic Railway » et « Water Chutes », ouvertes jusqu'à minuit. Et c'est enfin les premières vitrines de Noël au *Bon Marché*…

Mais ça, c'était hier ! Comme tout cela semble loin désormais… Soudain, le tourbillon s'est arrêté. La ville gît immobile au milieu des eaux. L'invasion a été impossible à contenir. Muette et sournoise, l'eau a mené patiemment son travail de sape. Sans bruit ni fureur, elle s'est répandue dans les rues par les sous-sols, les canalisations, les galeries du métro, pour rejaillir un peu partout. Une à une, sous la pression, les conduites d'égout ont explosé. Cette irruption des flots fangeux et malodorants dans une ville vouée corps et âme à la technique et au spectacle résonne comme un coup de tonnerre. Passe encore les mouvements sociaux qui se multiplient en ces années-là. Ils participent de l'agitation urbaine et tout le monde s'en accommode. « Qu'importe la grève quand on a le rêve », se dit-on.

Mais la nature, c'en est trop ! Elle n'a pas sa place, ses manifestations encore moins. Paris est outragé. D'est en ouest, la ville et sa banlieue offrent au monde, pendant quelques jours, le tableau d'une Venise sans âme. Près de 20 000 immeubles sont inondés, soit le quart des habitations de la capitale. L'électricité vacille, le télégraphe hoquette, les chemins de fer sont enrayés, les aiguilles des horloges publiques s'affolent… Tout va de travers. Plus aucun moyen de transport ne circule. Ni métro, ni tramway, ni train. Dans la précipitation, on ressort les vieux omnibus à chevaux et le hall de la gare de Lyon est transformé en écurie. « En vérité, il faut peu de chose pour que toute l'admirable machine qu'est notre civilisation, son orgueil, ses progrès, soit tenue en échec par les forces encore indomptées : le vent, le feu, l'eau, tout ce qui détruit, tout ce qui dévore », se réjouit à demi-mot un éditorialiste de l'époque, inexorablement emporté par sa satisfaction de voir la nature reprendre ses droits.

Comme elle va au théâtre, la foule se presse sur les quais pour assister à ce spectacle gratuit. Les regards sont emplis d'incrédulité devant les débris de bois et les ballots de paille que charrie la masse sombre et épaisse des flots. Et soudain, parmi eux, une voix s'élève pour honnir la comète de Halley qui envoie cette eau mauvaise. Des scientifiques n'ont-ils pas annoncé la fin du monde avec le retour du célèbre corps céleste cette année ? Dans la ville désertée, les amateurs de photographie déambulent le Kodak à la main. Ils apprécient d'un œil connaisseur l'inattendu de la mise en scène. Ils sont aux anges. Voilà des cartes postales qui feront bientôt un tabac !

Les rapports de l'époque sont édifiants ! La gare Saint-Lazare se mire dans le lac qui s'étend à ses pieds. Un énorme geyser secoue les flots sur lesquels tournoie la charrette oubliée d'un charbonnier, encore chargée de ses sacs. Surplombant les eaux bourbeuses, la gare de Lyon a des faux airs de Mont-Saint-Michel. L'esplanade des Invalides ressemble à un parc à huîtres d'où émergent, çà et là, dressés vers le ciel, des arbres dénudés et des réverbères éteints. La gare d'Orsay est une immense piscine, où quelques locomotives, gracieuses comme des hippopotames, se trempent les flancs dans l'eau stagnante. Le Zouave du pont de l'Alma boit la tasse. Aux entrepôts de Bercy, où sont stockés vins et spiritueux, des milliers de tonneaux dérivent sur un lac de 5 mètres de profondeur. Les effluves d'alcool se répandent dans tout le voisinage.

Rue Saint-Honoré, avenue Montaigne, rue Saint-Antoine, le long du Grand Palais, partout des barques glissent dans les artères transformées en canaux. Elles croisent d'insolites embarcations : bateaux surchargés d'objets sauvés de la noyade, radeaux de bric et de broc formés d'un invraisemblable assemblage de pans de meubles et de cageots, baquets de lavandières qui oscillent comme des bouchons à la surface des flots. Des passerelles de fortune, qui menacent de se disloquer chaque fois qu'un téméraire s'y aventure, se dressent au-dessus des flots. Ici ou là, quelques poutres, au pied des immeubles, un morceau d'échelle, des chevalets superposés signalent un embarcadère. Dans les beaux quartiers, les visiteurs se font déposer par les bateliers sur les marches des escaliers des hôtels particuliers, où les attend un domestique en livrée, dont l'extrême raideur trahit l'indifférence au drame comme au ridicule. Des paniers accrochés à une ficelle descendent des façades. Passant de l'un à l'autre, les livreurs en barque déposent là une miche de pain, ici quelques côtelettes.

Parfois, le comique perce de façon imperceptible sous les eaux. S'il n'y avait pas les milliers de sinistrés, les malades de l'hôpital Boucicaut et les pensionnaires de l'hospice d'Ivry qu'il faut évacuer, sans parler de la flambée des prix du pain et des légumes ainsi que du manque d'eau potable, on en rirait de bon cœur. Ne serait-ce qu'à la vue des mines faussement rassurées de la mission belge, qui arrive en canot jusqu'au perron du ministère des Affaires étrangères. On se gausserait du ministre de la Justice, obligé d'aller au Conseil des ministres en barque. On s'amuserait des déboires des journalistes qui, au Palais-Bourbon, écrivent leurs comptes rendus les pieds dans l'eau, à la lueur des lampes à huile. On irait jouir du spectacle des ours qui, au Jardin des plantes, ont trouvé refuge dans un abri construit sur pilotis. Tout est irréel ! Comme ce scaphandrier au crâne métallique d'où surgissent des tuyaux, qui plonge pour sauver les registres d'écrou du dépôt du Palais de Justice, ou ces prisonniers transférés sur un radeau dans la grande salle des gardes de la Conciergerie (où l'on peut encore voir de nos jours, sur un pilier, le niveau atteint alors par la montée des eaux). Mais le cœur n'est pas à la fête. Pas plus qu'à l'indignation.

Cette fois la République est unie. La solidarité nationale l'emporte sur les partis. Avec sang-froid et solidarité, les Parisiens font front face à ce nouveau caprice de la nature. Les secours s'organisent rapidement et se démènent sans relâche sur les deux rives. L'armée construit des digues pour préserver la capitale. Le président du Conseil, Aristide Briand, loue avec emphase « le meilleur de notre patriotisme français qui ne trouve son véritable rôle que devant un danger ». Avec le président de la République, Armand Fallières, il est à la manœuvre. Chaque jour, tous deux se portent en canot au réconfort des sinistrés. Pour la première fois, les pouvoirs publics apportent pleine assistance aux victimes. Dès les premières heures, Briand a fait voter des crédits d'urgence par l'Assemblée et mobilisé toutes les forces de l'État pour assurer l'ordre, le ravitaillement et les secours. Bien sûr, les élans de charité sont nombreux, comme à chaque coup du sort. Les journaux lèvent des souscriptions, les dons affluent, les syndicats se transforment en œuvres de bienfaisance et des bénévoles organisent des soupes populaires.

Seuls quelques relents du violent conflit qui a opposé cléricaux et anticléricaux, jusqu'à l'adoption de la loi de séparation des Églises et de l'État, viennent troubler cette atmosphère de concorde. Au Sacré-Cœur, les prédicateurs cèdent à la tentation de décrire l'inondation comme une manifestation de la colère divine. Et l'archevêque de Paris, Mgr Amette, regrette que le nom de Dieu n'ait pas été invoqué en dehors des églises. La réponse cingle. *L'Aurore* tord le cou à ces « gazelles de sacristie ». Le ton est donné. La suite est du même acabit : « Au moment où il est peut-être permis d'escompter la baisse des eaux, il serait facile d'attribuer la fin de l'effroyable épreuve à l'intervention de l'archevêque de Paris. Gros malins ! Ou simplement fumistes ! » Chacun surjoue son rôle avec un brin de mauvaise foi, mais personne ne croit la République en danger. Le scandale fait « plouf » !

Le fleuve entame sa décrue le 29 janvier ; elle sera lente. L'eau jaunâtre et boueuse a fait son lit dans les tunnels du métro et les sous-sols. Les autorités craignent que cette eau stagnante et putride ne favorise les épidémies. Le Conseil supérieur d'hygiène recommande de faire grand usage de chaux pour désinfecter les sols et les murs. Pour évacuer les ordures qui se sont accumulées, le préfet Lépine ne fait pas dans la demi-mesure. Il décide de rendre à la Seine ce qui lui appartient. Pendant deux semaines, il fait déverser toutes les poubelles dans le fleuve, du haut du pont de Tolbiac et du viaduc d'Auteuil. Paris est libéré. Sa fière devise, « Il flotte et ne sombre pas », peut de nouveau ondoyer. Mais c'est en banlieue, là où on a construit en zones inondables tout au long du XIXe siècle, que les ravages sont les plus considérables. Ivry-sur-Seine, Choisy-le-Roi, Charenton, Alfortville, la plaine de Gennevilliers ont été submergées. Sous le limon puant qu'a laissé le fleuve en se retirant, les quartiers les plus vulnérables sont durement touchés, de nombreuses maisons sont rasées, des usines saccagées. Les eaux qui abandonnent les rues laissent la place à la misère et au chômage.

En avril, enfin, le métro parisien est remis en service. La vie reprend ses droits. Pour autant, il n'est pas question de vivre sous la menace d'une nouvelle inondation. Comme l'écrit Jean Jaurès dans *L'Humanité* : « Une société où les citoyens sont ainsi à la discrétion des éléments est comme une maison sans toit. » Personne ne songe à blâmer les pouvoirs publics d'une crue exceptionnelle, dont Paris n'a point connu d'égale depuis plus de deux siècles. Mais il faut agir, et vite. Avec ces inondations, la société prend soudain conscience que les villes ont beau être éloignées des campagnes, elles n'en sont pas moins soumises aux aléas du climat. Qu'elles peuvent même être des pièges en raison de leur complexité – comme ce fut le cas lors de mon arrivée chez Météo France à Marseille en janvier 1985, où les canalisations explosant sous l'effet du gel, la ville plongea dans le chaos. Dès le mois de février 1910, une commission est constituée sous la présidence de l'ingénieur Alfred Picard. Celui qui fut un bref temps ministre de la Marine prévient : « Nous devons répondre dans le plus court délai, ne point attendre que les tristes leçons de l'expérience aient perdu de leur force, que le souvenir des récentes catastrophes se soit affaibli, que l'insouciance et l'imprévoyance aient frayé leur chemin. » C'est peine perdue.

Le danger passé, la Grande Guerre survenue, les mesures préconisées pour aménager la Seine sont rangées dans un tiroir. Oubliées comme le légendaire canal de contournement de Paris dont Louis XIII, pressé par des riverains en colère qui ne supportaient plus les inondations à répétition, avait autrefois confié la construction sur la rive droite au maître maçon Villedo. Une nouvelle fois, la cité s'endort dans une confiance trompeuse. Il faut la sécheresse de 1921 qui fait craindre pour l'alimentation en eau potable de la capitale, puis la crue de 1924, pour sortir Paris de sa torpeur. Subitement, on ressort les dossiers des cartons. On nomme une nouvelle commission. La construction de barrages-réservoirs en amont de Paris, sur le bassin de la Seine et de ses affluents, est alors décidée. Plus de soixante ans, au cours desquels d'autres crises climatiques rappelleront aux gouvernements l'urgence des travaux, seront nécessaires pour mener à bien ce vaste chantier.

À la veille de la Seconde Guerre mondiale, seuls deux barrages, de si faible capacité qu'ils ressemblent plus à des objets décoratifs qu'à un quelconque ouvrage de défense contre les crues centennales, sont érigés sur l'Yonne. Cette inertie n'est pas sans raison. La crise de 1929, voilà la coupable. Elle a laissé les finances publiques exsangues et les grands travaux ont été ajournés. Après bien des atermoiements, le chantier de construction d'un premier grand lac-réservoir, celui de Pannecière dans le Morvan, a bien débuté. Mais cette fois, c'est l'invasion allemande qui interrompt les travaux. L'ouvrage ne sera achevé qu'en 1949. Et le même scénario se répète.

Il faut à chaque fois patienter jusqu'à ce que de nouveaux événements climatiques exceptionnels invitent à ressortir les pelles et les pioches. Étrangement, la mémoire de la catastrophe s'efface aussi vite que celle-ci est survenue. Après la crue de 1955, on creuse deux lacs-réservoirs sur la Seine et la Marne. Puis, plus rien. On oublie de nouveau. Survient la sécheresse de 1976 et on s'inquiète – encore. Une nouvelle commission est nommée – encore. Pour satisfaire les besoins en eau potable de l'agglomération parisienne, elle recommande la construction d'un nouveau lac-réservoir sur l'Aube. Il est mis en service en 1990. Tout est en place… jusqu'à la prochaine fois. Tout dépendra alors des recommandations de la nouvelle commission qui sera formée, à n'en pas douter.

1928 – Cyclone sur les Antilles
L'étonnant boom de la Guadeloupe

Ravagées par un ouragan qui fait plus de 1 200 morts, les îles antillaises se lancent dans la culture de la banane. Une réussite économique et sociale sans précédent qui change durablement le paysage.

Soleil des tropiques rime, dans notre imaginaire, avec rivages idylliques. Mais cette image d'Épinal peut parfois se révéler trompeuse. Derrière la carte postale des plages de sable blanc bercées par la fraîcheur des alizés et baignées des bleus de la mer des Caraïbes, la Guadeloupe est aussi une terre à risques. Séismes, éruptions volcaniques, cyclones, inondations, glissements de terrain font partie de la panoplie des pièges tendus régulièrement par la nature. Là-bas, le risque naturel n'est pas une notion abstraite. Dès leur plus jeune âge, les enfants y sont sensibilisés. Comme me le racontait le fils d'un ami, à l'école primaire, des exercices de simulation sur la conduite à tenir en cas de séisme sont organisés. Une liste d'abris sûrs est également mise à jour par chaque commune à l'approche de la saison cyclonique.

Dans un monde où de plus en plus de jeunes sont amenés à voyager pour le plaisir, les études ou le travail, cette éducation exemplaire aux risques naturels devrait être une obligation. Et pas seulement en Guadeloupe ! Rappelons-nous que lors du récent séisme au Népal, dix Français ont été tués, et qu'une centaine d'autres sont morts sur les côtes thaïlandaises lors du tsunami de 2004. Chacun, un jour ou l'autre, même sans aller bien loin, peut être confronté à une catastrophe naturelle, à un événement climatique inconnu sous nos latitudes. Serons-nous capables d'avoir les bons réflexes ? Ne serait-il pas souhaitable que nous soyons tous éduqués ? Ma religion est faite. Se familiariser avec ces risques potentiels, c'est apprendre à aimer la nature et à respecter son caractère parfois sauvage.

La Guadeloupe en a pris conscience, car chaque année elle joue son destin à la saison des cyclones. Pour sûr, la météorologie a fait des progrès. Les ouragans sont aujourd'hui traqués à travers l'Atlantique, heure par heure, comme des fuyards en cavale. Mais il est tout aussi illusoire de chercher à les esquiver qu'il y a un siècle. Quand, en septembre 1989, le cyclone Hugo, accompagné de rafales de vent montant à 300 kilomètres par heure, balaye la Guadeloupe, les dégâts sont incommensurables. Les plantations de cannes à sucre et de bananes sont ravagées, les toits arrachés, les cases de bois et de tôles démolies, les poteaux électriques en béton tranchés, des usines réduites en pièces détachées, l'aéroport de Pointe-à-Pitre est transformé en casse, la flotte de pêche broyée... Derrière lui, l'ouragan laisse pas moins de 25 000 personnes sans abri, contraintes de vivre durant plusieurs semaines sous des toiles de tente, envoyées par le Gouvernement. La Guadeloupe est entièrement à reconstruire !

Mais malgré la furie des éléments et l'incrédulité des habitants qui, jusqu'au dernier moment, imaginent que le cyclone va changer de trajectoire, la politique de prévention a été efficace. Toute la journée qui a précédé l'ouragan, la radio a précisé l'emplacement des postes de secours et des abris, et les gendarmes ont fait la tournée des quartiers de cases afin de relayer l'alerte. Les rues ont été interdites à la circulation. Cette mobilisation a évité le pire. Malgré les imprudences de certains, qui n'ont pas voulu quitter leur fragile maison et ont parfois passé la nuit dans leur véhicule secoué par les bourrasques, seule une dizaine de morts est à déplorer. Soixante ans plus tôt, l'histoire avait été tout autre. Un cyclone d'une puissance semblable, voire légèrement moindre, avait tué plus de 1 200 personnes.

C'est une histoire tragique que l'on m'a rapportée il y a quelques années. Je n'ai pas pu résister à l'envie de faire des recherches dessus pour vous la relater. En 1928, en débarquant du paquebot *Flandre*, quelques jours après cette catastrophe, le sénateur de la Guadeloupe, Henri Bérenger, est saisi d'effroi. L'île est dévastée. Le tableau est apocalyptique. « C'est le deuil général, télégraphie-t-il, le cataclysme dépasse l'imagination. Les appontements, les ouvrages maritimes, tous les bâtiments publics ou industriels, toutes les habitations sont quasiment détruits. Le rééquipement complet de la colonie est réduit à néant. » En quelques heures, l'ouragan a tout saccagé. Tout commence le 12 septembre au petit matin. Sous un ciel voilé, un sentiment d'inquiétude diffuse se répand. La mer est agitée et les bourrasques ébouriffent la campagne, jonchant le sol de feuilles, de fruits encore verts et de branches cassées.

Les stations météorologiques de Porto Rico et de Cuba ont annoncé la veille la formation d'un cyclone. Même si le gouverneur de la Guadeloupe s'est empressé d'avertir par télégraphe les maires des communes, personne ou presque n'a eu vent de l'imminence de l'ouragan. Les présages ne laissent cependant guère de doute. Sur le rivage, la houle se fait de plus en plus forte. Dans le ciel, les nuages galopent tel un troupeau de moutons à la vue du loup. Les oiseaux affolés volent dans tous les sens comme si, déboussolés, ils avaient perdu le chemin du nid. Les volets de bois claquent avec violence contre les façades des maisons. Et les aiguilles des baromètres dégringolent aussi vite que l'altimètre d'un avion en piqué. Il n'en faut pas plus pour alarmer les habitants. Dans la précipitation, les uns courent en quête d'un abri sûr, les autres clouent des planches pour condamner les fenêtres et les portes des maisons. Hélas ! Toutes ces précautions ne seront que d'un faible secours.

Il n'est pas midi quand l'ouragan se déchaîne. Dans une obscurité effrayante, le vent souffle par rafales régulières. Chacune d'entre elles, avec la férocité d'un tueur fou s'acharnant sur sa proie, entaille un peu plus le paysage. Les maisons craquent de toute part. Les murs se déforment et s'en vont en lambeaux. Les cases de bois s'affaissent comme des constructions d'enfants. Les tôles qui couvrent les toits sont arrachées. Elles volent à travers les rues et les champs comme des lames de rasoirs, coupant et tranchant à tout-va. Des hommes égarés et des bêtes apeurées, chassés de leurs abris disloqués par la tempête, sont cisaillés et décapités. Pour se protéger des débris que le vent dans son insatiable cruauté transforme en projectiles mortels, les malheureux qui traînent encore dehors convertissent des bassines de zinc ou des pans de meubles en boucliers de fortune. La pluie, diluvienne, redouble de plus belle. Des plafonds éventrés, des cascades d'eau se déversent sur les planchers. Dans les maisons qui n'ont pas encore été culbutées par le tourbillon, enfants et adultes se serrent les uns contre les autres. Oubliant toute hiérarchie sociale, patrons et employés s'agenouillent ensemble et implorent la clémence des cieux.

Aux Îlets, ces petites îles où l'aristocratie guadeloupéenne a pour habitude de passer ses vacances, un raz-de-marée submerge les terres. Par lames successives de plusieurs mètres de haut, l'eau sonne la charge. Elle pénètre dans les maisons brinquebalantes, soulève les planchers, fracasse les murs, noie et broie tout ce qui lui résiste. Au milieu de ces montagnes d'eau qui s'abattent sans discontinuer, c'est le sauve-qui-peut le plus pathétique. Chacun, dans la panique, raccroche son salut à la moindre planche encore debout. Un jeune garçon serre pendant plusieurs heures le tronc d'un arbre pour échapper aux eaux qui, dans leur fureur, emportent indifféremment hommes et bêtes parmi les monceaux de gravats qu'elles charrient. Le lendemain matin, les survivants grelottants et hagards sont pétrifiés. La côte est parsemée de corps tuméfiés et battus par la violence des flots. Les visages sont si défigurés qu'ils sont méconnaissables. Sans secours et affamés, les rescapés fuient les îlots à la nage ou sur des radeaux bricolés à la va-vite pour gagner Pointe-à-Pitre.

La même vision d'apocalypse les accueille dans cette île voisine. Sous une lueur pâle, tout n'est plus que ruines. On trouve la dévastation et l'affliction à chaque coin de rue. Les arbres sont déracinés, étêtés. Les routes sont coupées, recouvertes d'un enchevêtrement de débris de toutes sortes : poutres, branches, tôles, morceaux de meubles brisés. Des cadavres d'animaux, le ventre gonflé d'eau, les pattes raidies et les yeux vitreux, gisent étendus à travers les champs. Les cultures sont saccagées. Les plantations de caféiers, de cacaoyers et de cannes à sucre sont anéanties. La terre du cimetière de Pointe-à-Pitre a été retournée et les fosses ouvertes. Des bateaux et des chalands ont été balayés à un kilomètre du bord de mer. « Le pays [était] devenu méconnaissable. Toute une terre ravagée sur laquelle les premiers secours commencèrent de s'organiser péniblement, toutes sortes de choses horribles, de scènes atroces, dont le nombre allait croissant », raconte dans *L'Illustration* un professeur de Pointe-à-Pitre. Le lycée des garçons, bien qu'à moitié détruit, est transformé en hôpital de campagne. Sur des paillasses humides et ensanglantées, des dizaines de blessés sont soignés, dans une infecte odeur de putréfaction, avec les maigres stocks de médicaments arrachés aux décombres.

Les câbles et les postes de communications télégraphiques sont détruits. À une époque où il faut une dizaine de jours par bateau pour se rendre aux Antilles, la Guadeloupe est coupée du monde. Les nouvelles sur l'ampleur du sinistre n'arrivent d'ailleurs à Paris qu'après plusieurs jours. Les premiers comptes rendus du gouverneur sont édifiants. « À Petit-Bourg, toutes les maisons sont abattues, brisées, quatre ou cinq debout dans le haut du bourg, mais endommagées. L'église, qui était en réparation, abattue », écrit-on. De nombreuses communes ont été complètement rasées. Aucune île n'a été épargnée, ni Marie-Galante, ni les Saintes, ni la Désirade, ni Saint-Martin, pas même Saint-Barthélemy. C'est un désastre complet. Plus de 20 000 habitations sont détruites. Les premières photos des rues de Pointe-à-Pitre sont publiées dans la presse parisienne début octobre. Elles offrent le hideux spectacle d'une ville bombardée, où s'alignent, le long des rues, des immeubles éventrés et les moignons meurtris des arbres. Les destructions de la Première Guerre mondiale sont encore dans les mémoires. « La Guadeloupe apparaît comme un département dévasté par la guerre », écrit un reporter.

Envoyé sur place, l'écrivain Paul Claude, ambassadeur de France à Washington, vient témoigner de la sollicitude du gouvernement et affirmer, aux yeux de l'étranger, l'attachement de la France à ses territoires antillais. Malgré l'aide promise par la métropole, la reconstruction du territoire est lente. Huit mois après l'ouragan, le député de la Guadeloupe et petit-fils d'esclave Gratien Candace s'en émeut à l'Assemblée. « Eh bien, je vous le dis sans passion : rien ou presque rien n'a été fait, proclame-t-il. Dans les communes les plus éprouvées, j'ai trouvé des sinistrés enfouis dans des trous comme de véritables troglodytes. Dans les faubourgs de Pointe-à-Pitre, j'ai trouvé des pauvres gens vivant au milieu de mares pestilentielles. J'ai constaté que, dans maintes communes, la population était dans le dénuement le plus complet. » Laborieux, le relèvement de la Guadeloupe n'en est pas moins spectaculaire. En six ans, plus d'une cinquantaine de bâtiments publics, écoles, mairies, hôpitaux, sont construits en béton, plus résistant que le bois.

Mais c'est une conséquence inattendue de la catastrophe qui va marquer durablement l'économie de l'île, et cette fois positivement ! Infatigable promoteur de la culture de la banane, le député Candace saisit l'occasion de cette crise post-cyclonique pour mener une nouvelle campagne en faveur de son fruit fétiche. Depuis des années, l'élu milite avec constance pour valoriser les productions agricoles des Antilles et diversifier leur production. La culture de la banane, peu développée malgré une demande française en constante augmentation depuis la fin de la Première Guerre mondiale, est son cheval de bataille. À la Chambre, profitant de l'attention soudaine portée à la lointaine Guadeloupe, il reprend immédiatement son combat. « Au lieu de demeurer tributaire de l'étranger pour la plus grande partie des matières dont vous avez besoin, faites en sorte de nous mettre en valeur, de façon que nous puissions coopérer à votre grandeur dans la paix, comme nous avons coopéré à votre victoire dans la guerre », lance-t-il aux députés.

Grâce à lui, la banane s'est offert une place de choix sur les tables des Français. Depuis 1920, sa consommation a quintuplé. Mais les Antilles n'en profitent pas. Les régimes sont importés des Canaries, de la Jamaïque ou d'Amérique centrale. À travers la France, les succursales en fruits exotiques qui ont fait de la banane leur produit phare se sont multipliées. Le commerce est florissant. Les journaux vantent ses mérites pour réguler les fonctions intestinales et proposent des recettes comme les tomates farcies à la banane ou le chateaubriand aux bananes. « Mangez des bananes, vous vous en trouverez bien », proclame la publicité. Lancé en 1914, le Banania, « reconstituant énergétique à base de farine de bananes », a fait de ce fruit son principal argument de vente, constat d'huissier certifiant sa présence à l'appui. La « banane-mania », venue des États-Unis, a envahi la France. Les coureurs du Tour de France en emportent dans leur musette et les aviateurs dans leurs carlingues. Les Antillais aimeraient bien avoir, eux aussi, leur part du gâteau mais, faute de navires équipés pour le transport, ils sont à la traîne. Leur production est ridicule !

Ce monopole étranger n'est pas du goût de tous. Il fait polémique dans les milieux politiques et économiques français. « La mise en valeur de nos colonies, c'est une formule. Mais c'est une formule qui ne rime à rien si elle n'a pas pour conséquence des réalisations », s'insurge-t-on. Les ravages du cyclone vont brutalement changer la donne. Alors que les plantations de café et de cacao sont anéanties à Basse-Terre, certains cultivateurs guadeloupéens placent désormais tous leurs espoirs dans la culture de la banane. C'est un pari audacieux. Les pouvoirs publics leur ont donné un premier signe d'encouragement. Ils ont relevé les droits de douane sur les importations étrangères. À l'Assemblée comme au Sénat, les élus guadeloupéens ne désarment pas. Ils poursuivent avec acharnement leur offensive pour obtenir une flotte de navires bananiers et renforcer la compétitivité de la banane antillaise. « On n'a pas le droit de laisser pourrir des quantités colossales à la Guadeloupe et à la Martinique. Il y a en effet des milliers et des milliers de régimes de bananes qui pourrissent là-bas, alors que les Français sont obligés d'acheter ces fruits aux Canaries ou à la Jamaïque », s'emporte Candace.

Après le cyclone de 1928, la crise économique de 1929 tombe à pic pour la banane guadeloupéenne. En France comme dans la plupart des pays industrialisés, les mesures protectionnistes ont soudain le vent en poupe. Les importations de bananes des Canaries sont placées sous contrôle et fortement réduites. Pour la Guadeloupe, c'est une victoire décisive. Plus rien ne s'oppose à l'essor de la culture bananière, débuté au lendemain de l'ouragan. La production s'accroît un peu plus chaque année. De nouvelles terres sont mises en culture. Les rangs des planteurs grossissent. C'est aussi une révolution sociale : profitant de cet engouement, une nouvelle classe sociale de petits producteurs – indépendante des grands propriétaires békés de cannes à sucre – émerge. La banane devient le symbole du développement économique de la Guadeloupe. Le député Candace recueille les bénéfices de son action. L'un de ses adversaires aux élections législatives renonce à se présenter : « Je retire ma candidature suivant ma promesse. Vive Candace ! Vive la banane de Guadeloupe ! » annonce-t-il aux électeurs.

La nature prend, la nature donne. Ainsi, aussi étrange que cela puisse paraître, le cyclone de 1928, qui avait tout détruit sur son passage, est à l'origine d'un véritable miracle économique. En 1989, lorsque le cyclone Hugo anéantit toute la récolte de bananes guadeloupéennes, laissant la population ahurie au milieu des décombres, cela a des répercussions politiques de nature bien différente. Les observateurs considèrent que l'ouragan, en révélant le nécessaire soutien de la métropole, a porté un coup, si ce n'est fatal, au moins durable, au mouvement indépendantiste. Je me souviens parfaitement des images transmises au journal télévisé. Deux jours après la catastrophe, un pont aérien est mis en place entre Paris et la Guadeloupe. Rations alimentaires, bâches, équipes de sauveteurs, matériel de secours, poteaux électriques, renforts envoyés par EDF et France Télécom, le va-et-vient des avions, remplis jusqu'à la gueule sur l'aéroport remis en état, sont la preuve de la solidarité nationale. Trois semaines plus tard, sous la chaleur tropicale, François Mitterrand se rend en personne sur place.

Le chef de l'État s'engage à accélérer l'indemnisation des victimes et la reconstruction. « Aucune obligation ou tradition procédurière ne doit être respectée, dès lors que l'urgence est reconnue comme une obligation nationale », promet-il aux sinistrés, dont nombre sont encore logés dans les établissements scolaires ou sous des tentes.

Tout va très vite. Un comité interministériel est mis en place. Des aides financières d'urgence sont débloquées pour les sans-abri. Des campagnes de vaccination sont organisées pour éviter la propagation des épidémies. La construction de plusieurs milliers de logements est annoncée pour remplacer les habitations précaires, insalubres et parfois illégales, détruites par le cyclone. La plupart des réseaux électriques sont enfouis pour résister à des vents violents. Un plan de relance de l'économie insulaire est adopté. L'ampleur de l'effort financier et la rapidité des secours ont, semble-t-il, affecté la crédibilité des revendications indépendantistes. Déjà en perte de vitesse dans l'opinion après avoir choisi la voie de l'action terroriste dans les années 1980, le mouvement est affaibli par le sentiment commun que, sans le secours de la métropole, les lendemains de la catastrophe auraient été plus douloureux. Quoi qu'il en soit, il est une chose qui est certaine : indépendante ou française, la Guadeloupe restera une terre à risques et de nouveaux cyclones marqueront sans doute encore son histoire.

1976 – La grande sécheresse
L'impôt qui sème la zizanie

Les plaines du nord de la France à la terre craquelée ont un air de Sahel. Les blés grillent, les vaches tirent la langue. Pour venir en aide aux agriculteurs, le gouvernement crée un impôt exceptionnel. Personne n'en veut. Même pas les paysans.

De la célèbre sécheresse de 1976, les Français qui l'ont vécue gardent des souvenirs cuisants. Ce n'est pas mon cas. J'étais alors en vacances dans les Pyrénées pour faire un stage de planeur et je ne me souviens pas avoir souffert de la chaleur. C'est la preuve que nous avons, en France, une variété de climats et de paysages tout à fait étonnante sur un si petit territoire. Peut-être unique au monde. L'explication est simple : notre pays est à un carrefour où s'exercent les influences continentale, atlantique et méditerranéenne. C'est tout l'intérêt de mon métier, car leurs interactions provoquent une multitude de possibilités. Je crois que je m'ennuierais beaucoup plus en Allemagne ou en Angleterre. Je ne suis malheureusement pas sûr que tous les Français aient conscience de cette richesse, qui nous permet parfois en quelques heures de passer de la pluie au soleil. Pourtant, comme des enfants gâtés, nous ne cessons de nous plaindre de la moindre saute d'humeur du ciel.

L'un des autres enseignements de la sécheresse de 1976 m'est apparu en relisant les journaux de l'époque. Indirectement, comme nous le verrons plus loin, elle a fait éclater au grand jour une fracture profonde entre la France urbaine et la France rurale. Ce fossé s'est depuis, je le crains, renforcé. À moins qu'il n'ait tout simplement été gommé, car cette France n'existe plus. Les urbains ont déjà gagné la bataille ; ils ont colonisé la campagne. Autour des villes, le paysan a été remplacé par le périurbain, et ailleurs par le vacancier, le résident secondaire ou l'urbain retraité. Je l'ai souvent constaté en parcourant la France. Seules les campagnes isolées et désertifiées restent à l'écart de cette évolution. Voyez-vous, j'aime aller passer mes vacances dans le golfe du Morbihan. C'est un territoire magnifique où le paysage change sans cesse, mais c'est vrai que, petit à petit, ce qui faisait le sel de la vie rurale a disparu. C'est maintenant un lieu de loisirs et de farniente. Dommage. Avec la mort de cette France de villages et de clochers, c'est toute une tradition séculaire, un mode de vie en harmonie avec la nature qui s'éteint.

Nous sommes en train de dilapider cet héritage. La météo, même si elle me maintient enfermé toute la semaine dans les studios de radio et de télé, me raccroche, d'une certaine façon, à ce monde qui sombre dans l'oubli. Car l'analyse du climat, c'est l'école de la patience et de l'observation, vertus que les hommes des villes n'acceptent plus, mais qui sont au cœur de la vie rurale. Pour cela, je me sens très proche des agriculteurs. Et quand j'écris mes bulletins, j'essaie de ne pas les oublier, de ne pas faire une météo réservée aux citadins, de ne pas parler de mauvais temps quand une pluie heureuse pour les cultures s'annonce. En 1976, cette pluie était devenue une obsession pour les paysans. L'été n'était pas encore là que déjà la sécheresse était sur toutes les lèvres.

Il faut dire que, depuis le début de décembre 1975, les nuages dispersent les averses au compte-gouttes. Fin avril, les agriculteurs scrutent le ciel avec une espérance perplexe. Le temps a pris de l'avance sur les saisons. Pâques a apporté les premiers incendies. Mais le Sud-Est ne détient pas, comme il est de coutume, le monopole de ces feux de taillis. Dès la première vague de chaleur au mois de mai, la Bretagne et la région parisienne s'enflamment. Les températures s'envolent. La chaleur précoce et inattendue, surtout au nord de la Loire, n'en réjouit pas moins la plupart des Français qui, en col pelle à tarte et pantalon pattes d'éph', pique-niquent et

« barbecuisent » à tout-va. Les jours passant, l'étonnement est à sec, comme les rivières. Place à l'inquiétude. Des campagnes, elle gagne les villes. Dans la région de Saint-Malo, les touristes ne sont pas encore dans les gares que de possibles restrictions d'eau sont déjà à l'étude pour la saison estivale.

Lors de la deuxième vague de chaleur, au début du mois de juin, la sécheresse s'est mue en fléau national. La France a soif. Les interdictions d'arroser les jardins et de laver les voitures se multiplient ; le prix du kilo de tomates double. Les barrages tournent à vide. Les centrales thermiques et nucléaires n'ont plus assez d'eau pour refroidir leurs ardeurs ; la direction d'EDF prend des mesures pour éviter un black-out. Sur le Rhône, les flots sont si bas que le fleuve n'a pas plus d'énergie qu'un pâle ruisseau ; les péniches sont bloquées à quai dans l'attente d'un courant qui ne vient pas.

Sous les ponts de Paris, les poissons morts défilent par centaines le ventre en l'air. Des villages d'Île-de-France, grandis trop vite, n'ont plus la force d'éponger la soif de leurs habitants ; les robinets sont à sec. Les citernes des sapeurs-pompiers font la tournée des quartiers, où l'on attend leur passage un seau ou un jerrican à la main. Dans les églises de l'Ouest, les curés donnent des messes pour le retour des averses. « Dieu à qui nous devons de naître, nous dépendons de Toi en toute chose, accorde-nous les pluies dont nous avons besoin ! » implore l'évêque de Coutances. « S'il ne pleut pas d'ici une quinzaine de jours, la situation deviendra particulièrement grave », murmurent les paysans, la mine sombre. Le gouvernement s'engage à maintenir, coûte que coûte, leur pouvoir d'achat.

Fin juin, c'est le coup de grâce. Le thermomètre repart à la hausse. Cette fois, c'est la canicule. Au bulletin météo télévisé, la présentatrice dessine au feutre un immuable grand soleil sur la carte orangée de l'Hexagone. Dans les villages, les volets sont clos du matin au soir. Sur les berges de la Seine et dans les bassins du Trocadéro, face à la tour Eiffel, les bikinis sont de sortie. Le long des routes du Tour de France, les coureurs cyclistes s'arrêtent sur le bas-côté pour plonger la tête dans un seau d'eau. Dans les crèches, les enfants passent leur journée dans des bassines.

Le travail, lui, fait abondamment suer. Les chauffeurs de bus de la RATP refusent de sortir des dépôts ; il fait plus de 50 °C à l'intérieur des véhicules. La direction leur octroie une prime exceptionnelle de chaleur. Ici on fait grève, là on aménage les horaires pour travailler au petit matin, ailleurs on accorde des pauses à rallonge toutes les heures. Pour faire chuter la température dans les ateliers de certaines usines, les verrières sont aspergées d'eau à jet continu. La CFDT organise une conférence de presse où elle critique vertement l'imprévoyance du gouvernement. Et, sur les plages, les coccinelles débarquent par millions, envahissant les serviettes, les assiettes... Plus personne ne sait comment s'en protéger !

Le monde rural, lui, est à bout. Les processions organisées du Cantal aux Côtes-d'Armor pour invoquer la pluie n'ont pas donné la moindre goutte. Saint Éloi des Agriculteurs et saint Isidore le Laboureur font la sourde oreille aux prières. Les blés sont desséchés, les betteraves ont mauvaise mine, les salades grillent et les prairies se transforment en paillassons jaunasses. Sous le ciel obstinément bleu, les plaines agricoles du nord de la France ressemblent à une immense étendue sahélienne, que traversent en caravane des vacanciers incrédules. Dans les champs, la moindre étincelle, la chaleur des moissonneuses-batteuses suffisent à enflammer les moissons. Les agriculteurs tapent du poing sur le baromètre. C'est la crise. La sécheresse qui sévit devient une affaire d'État.

Le ministre de l'Agriculture appelle les éleveurs à ne pas céder à la tentation de se débarrasser de leur cheptel : « Ce serait trop grave de conséquences. » Mais beaucoup, souvent pressés par le manque de trésorerie et les traites à payer, n'ont pas d'autre choix. Le temps n'est plus où les éleveurs gardaient par-devers eux quelques mois de fourrage dans leurs granges. Au cas où. Contraints de suivre à tout prix la cadence productiviste, les agriculteurs se sont endettés jusque par-dessus les oreilles. En oubliant au passage les humeurs de la nature. Pour nourrir le bétail, qui erre sur le sol craquelé, ils sacrifient le fourrage hivernal et coupent les branches des arbres afin de donner des feuilles aux vaches. Certains en sont réduits à vendre des bêtes pour acheter du foin. Les files d'attente s'allongent devant les abattoirs qui tournent jour et nuit. Le cours de la viande chute. La perte du fourrage prévu pour l'hiver et l'abattage des génisses destinées au renouvellement du troupeau font craindre des lendemains difficiles.

Sous les casquettes et les chapeaux de paille, la chaleur monte et la colère explose. Comme aux temps de disette de l'Ancien Régime, les éleveurs mènent des opérations coup de poing. Les négociants en grain ou les céréaliers, suspectés de spéculer sur l'or vert, sont pris à partie. L'affaire est généralement rondement menée. Une centaine d'agriculteurs débarquent la rage au ventre, négocient d'arrache-pied, fixent de force un prix d'achat, puis remplissent de foin les remorques de leurs tracteurs sans demander leur reste. Les fourgons de gendarmerie sont appelés à la rescousse. Les huissiers aussi. Mais en vain. D'autres montent des barrages privés clandestins sur le cours des rivières épuisées. Sous la terre qui s'effrite, le drame couve. Un éleveur du Pas-de-Calais se suicide. Incapable de nourrir ses quatorze vaches et ses porcs, après avoir épuisé ses réserves de pulpe et sacrifié sa récolte de fèves, il ne peut se résigner à brader son petit cheptel à l'abattoir. Il se tire une balle dans la tête.

En ces temps, pas si lointains, personne ne blâme le réchauffement climatique. Cela ne viendrait à l'idée d'aucun homme politique ni d'aucun scientifique. D'ailleurs, les météorologistes sont eux aussi dans le brouillard. En pleine canicule, ils publient un rapport dans lequel ils évoquent la possibilité d'un refroidissement climatique. À moins que la teneur en gaz carbonique ne produise, « durant les deux cents prochaines années, un réchauffement général du climat mondial », s'empressent-ils de corriger. Dans le doute, ils donnent leur langue au chat. « Nous ne possédons encore qu'une notion très imprécise de tous les mécanismes qui sont en jeu et nous ignorons même dans quel contexte de physique général il convient de les faire entrer », notent ces experts. La CIA n'a pas ces pudeurs. Quelques semaines auparavant, s'appuyant sur des travaux scientifiques, elle a annoncé une baisse accélérée des températures sur tout l'hémisphère Nord, qui provoquera des sécheresses à répétition dramatiques en Chine et en Inde, ainsi qu'un déficit de production céréalière en URSS. Je vous rappelle qu'on est alors en pleine guerre froide.

En France, l'heure est à invoquer l'ingratitude de dame Nature. Pour éviter la contagion de la panique, le gouvernement multiplie les déclarations rassurantes à destination des campagnes. Le ministre de l'Agriculture témoigne de sa sollicitude. Le président de la République l'assure : « La solidarité nationale s'exercera. » Des mesures sont prises afin d'enrayer la chute des cours du bétail, provoquée par les éleveurs qui se débarrassent de leurs animaux. L'armée est réquisitionnée pour ramasser la paille et les approvisionner. Même les parachutistes sont mobilisés. La SNCF est également mise à contribution pour acheminer les fourrages des régions céréalières vers les zones d'élevage. En deux jours, les wagons transportent autant de paille qu'en une année moyenne. Aussi incongru que cela puisse paraître, quelque 6 000 tonnes de bananes sont acheminées par bateau de Guadeloupe pour nourrir les vaches normandes ! Le président du Crédit Agricole annule ses vacances. Mais ni ces mesures ni les orages de grêle de la mi-juillet ne viennent à bout des craintes.

Alors qu'un coup de chaud agite le gouvernement, les agriculteurs protestent un peu partout en France pour réclamer des mesures provisoires d'indemnisation. À Périgueux, les manifestants introduisent une génisse famélique dans les jardins verdoyants de la préfecture : le symbole des vaches maigres de l'agriculture ! À Paris, le tonnerre gronde. Le Premier ministre démissionne avec fracas. L'été caniculaire a eu raison des relations glaciales entre Giscard et Chirac. « Je ne dispose pas des moyens que j'estime nécessaires pour assumer efficacement les fonctions de Premier ministre et, dans ces conditions, j'ai décidé d'y mettre fin », déclare à Matignon le démissionnaire. Lors du dernier Conseil des ministres, Chirac laisse un cadeau empoisonné à son successeur : le gouvernement annonce dans la précipitation la création d'un impôt exceptionnel de solidarité au profit des agriculteurs. C'est une première. Elle laissera des traces. La taxe, dont Chirac sous-entendra qu'il n'y était pas favorable, est destinée à faire baisser la température dans les campagnes ; en réalité, elle met surtout le feu aux poudres dans les villes !

Mi-septembre, les journaux titrent « Enfin, la pluie ! », mais c'est un autre sujet qui échauffe les esprits. L'« impôt sécheresse » divise la France. Les syndicats mènent la fronde ; les critiques pleuvent. L'élan de solidarité en faveur des agriculteurs est brisé. Vous imaginez bien que personne ne veut payer la facture. « La solidarité est nécessaire, déclare le secrétaire général de la CFDT, mais si ce sont les salariés, c'est-à-dire les plus pauvres dans ce pays, qui ont à payer, uniquement eux, pour les agriculteurs, il y aura une nouvelle injustice. » Le « Syndicat national des classes moyennes » proteste contre la volonté de frapper les Français moyens au portefeuille. Un agriculteur breton écrit au secrétaire général de la CFDT pour s'étonner que le syndicat se mette au service des plus nantis et manifeste ainsi son égoïsme.

Bientôt, l'impôt sécheresse tourne à la foire d'empoigne, à la cacophonie. C'est la lutte de tous les corporatismes, la bataille des intérêts catégoriels. La France devient une chambre d'écho des suppliques. Il y a ceux qui refusent d'être les dindons de la farce, car à la hausse de leurs impôts s'ajoute l'augmentation des prix des légumes dans le panier du marché. Pour eux, c'est la double peine. Il y a aussi ceux qui s'estiment les victimes oubliées de la canicule. Comme le président des fabricants de parapluies qui, en toute logique, s'émeut de devoir payer : « Nous n'allons pas barrer les routes avec nos parapluies. Nous n'en sommes pas moins très inquiets, car notre industrie est aussi sinistrée que l'agriculture. Non seulement nous avons besoin de pluie, mais en plus, il faut qu'elle tombe le jour… » Il y a enfin ceux qui estiment être aussi en droit de réclamer la solidarité nationale pour le poids de leurs infortunes. « Il existe une catégorie de Français qui n'a pas perdu une récolte ni dix, mais toutes ses terres, toutes ses maisons, ses usines et même ses journaux, sans que l'émotion nationale se soit manifestée », se plaignent les Français d'Algérie.

« À la limite, on ne voit pas pourquoi les perdants du PMU et de la Loterie nationale, les recalés aux examens et concours, les malades frappés par des virus qu'ils n'ont rien fait pour mériter, les opprimés de l'ordinateur, et mille autres victimes innocentes de calamités diverses, ne feraient pas valoir également leur droit à une juste et généreuse indemnisation par la collectivité solidaire », ironise un éditorialiste. C'est vrai que les caprices du climat ont de quoi contrarier du monde ! D'ailleurs, devant un tel tintamarre, on s'y perd. Même les agriculteurs, qui se voient condamnés à la vindicte populaire. « Surtout, il y a cette idée de solidarité nationale qui ne nous plaît pas du tout. On va, encore une fois, dresser les gens des villes contre ceux des campagnes. Déjà, ici même, les quelques commerçants et salariés qui paient des impôts nous regardent de travers. C'est tout juste s'ils ne nous reprochent pas de nous faire entretenir par eux », raconte l'un d'entre eux au café du village, relayé par la presse locale.

Les Français des villes n'ont pas attendu pour retourner leur veste. Ils ne veulent pas être les vaches à lait des éleveurs et des cultivateurs. Il y a deux ans, dans un sondage, ils étaient 71 % à se déclarer prêts à payer plus cher leurs fruits et légumes pour soutenir les agriculteurs. Désormais, ils sont 48 % à estimer que chacun doit assumer les risques liés à sa profession, même une année de sécheresse centennale. Les paysans l'ont compris. « Les pouvoirs publics ont dressé l'opinion contre nous avec l'impôt sécheresse », se plaignent-ils amèrement. C'est un fait, cette nouvelle taxe s'est refermée comme un piège sur eux. Ils prennent brutalement conscience que cet impôt risque de les isoler du reste de la société et de les enfermer dans un ghetto rural. Les voilà donc qui viennent gonfler la cohorte des mécontents et manifestent dans les rues en criant : « Non à l'impôt sécheresse ! » Les leaders syndicaux multiplient les prises de parole pour réclamer un autre mode de financement. « Dresser les catégories professionnelles les unes contre les autres, ce n'est pas ce que souhaitent les agriculteurs [...]. On n'a pas créé un impôt spécial pour le chômage, pas plus que pour l'aide à un certain nombre d'entreprises en difficulté », déclare l'un.

La grogne est générale. Mais le gouvernement ne recule pas. L'impôt est maintenu. « Une société qui refuse la solidarité entre ses membres est une société qui se décompose », a beau tancer Giscard lors d'une intervention radiotélévisée, le mal est fait. La boîte de Pandore est ouverte. Et les Français ne se privent pas d'exprimer à voix haute leurs griefs. Dans les colonnes des journaux, ils s'en donnent à cœur joie : « La fraude fiscale, chez les agriculteurs moyens ou aisés, atteint une ampleur difficile à imaginer à qui ne fréquente pas ce milieu », prétend l'un. « Qui vend la paille et le foin ? Des paysans. Qui achète la paille et le foin ? D'autres paysans ! Apparemment, on ne se fait guère de cadeaux entre céréaliers et éleveurs », écrit un deuxième. « Ils considèrent les non-paysans, et en particulier les citadins, comme des gens bons à plumer », lâche un troisième.

C'est la guerre des villes contre les campagnes, et tout ça à cause du temps !

L'échéance de paiement de l'impôt sécheresse est fixée à fin décembre 1976, quelques jours avant Noël. Si *Le Canard enchaîné* propose « d'envoyer paître le fisc », quelque 2,5 millions de citoyens s'en acquittent. Et pour ne rien arranger, cela tombe au plus mal. La France vient d'être balayée par deux tempêtes. Mais l'eau abondante ne fait pas passer la pilule. Les Français des villes ironisent sur le prochain paiement d'un impôt inondation au début de l'été. Ceux des champs ont l'impression d'être les souffre-douleur de la crise économique et sociale. L'affaire laisse un goût amer. Plus aucun gouvernement ne se risquera à proposer un impôt sécheresse.

2003 – La canicule
Le gouvernement en surchauffe

La vague de chaleur fait 15 000 morts. Essentiellement des personnes âgées et fragiles. On n'a rien vu venir. Ni l'administration ni les ministres. La France rentre de vacances avec le sentiment d'un terrifiant fiasco.

L'été dernier, cinq jours avant une période de canicule annoncée, je suis sollicité de toute part comme si on se préparait à la venue d'un cyclone. À la télé, à la radio, dans les journaux, il n'y en a plus que pour la météo. Le CSA publie même un communiqué dans lequel il demande « aux chaînes de télévision et aux radios de se mobiliser, compte tenu du maintien des fortes chaleurs prévues dans les prochains jours ». En plus de la diffusion des messages de prévention sanitaire « Attention canicule », il enjoint aux médias de « relayer, dans leurs journaux d'information et leurs bulletins météorologiques, les principales consignes à suivre à l'occasion des départs en vacances du prochain week-end ». Pour dire quoi ? Qu'il va faire beau et chaud, que les terrasses et les plages seront prises d'assaut ? Il semble avoir oublié que c'est l'été et que cela n'a rien d'extraordinaire ! On doit alerter les gens et leur rappeler qu'il est indispensable de boire de l'eau et se protéger du soleil, me rétorquerez-vous. Quelle nouvelle ! Bien sûr qu'il faut faire attention, et encore plus aux personnes fragiles.

Certes, la canicule meurtrière de 2003 est passée par là et la crainte d'une nouvelle catastrophe hante les esprits. Mais nous sommes passés d'un extrême à l'autre, de l'aveuglement à l'excès de prévoyance. Après le drame de 2003, Météo France a ajouté une alerte canicule ; elle était nécessaire. Cependant, j'ai parfois l'impression que les Français sont devenus de grands enfants, auxquels il serait urgent de réapprendre à utiliser leur bon sens, à observer le défilé des saisons et les manifestations de la nature. Pourquoi ne pas s'entraîner chaque jour ? Une fleur, un parfum de femme, les effluves d'une boulangerie, l'arôme d'un bon vin suffisent à éveiller notre odorat. Il suffit de le vouloir. Cet éveil olfactif apporte beaucoup de plaisir et de bonheur. C'est en tout cas ma façon à moi de me sentir pleinement vivant, mais aussi de rester en alerte. Tout ce dont nous avons cruellement manqué pendant ce fameux mois d'août 2003 !

Cet été-là demeure celui de tous les records. Le mercure a des humeurs sahariennes. Pendant une dizaine de jours, au début du mois d'août, la température en

France reste bloquée au-dessus de 36 °C. Dans le Gard, le thermomètre affiche même 44,1 °C. C'est la plus forte température jamais mesurée en France. Du nord au sud, de l'Atlantique aux Vosges, des records absolus tombent un à un. Il n'y a pas un souffle d'air. Pour la première fois, on enregistre plus de 40 °C en Bretagne. Sur le littoral, à Dinard, il fait 39,4 °C, soit 4 °C de plus que le précédent record. La canicule de 2003 a, sans conteste, gagné sa place dans les annales météorologiques. Mais c'est un sinistre chiffre qui reste dans les mémoires : plus de 15 000 morts pour le seul mois d'août ! Un bilan aussi terrifiant que celui d'un tremblement de terre dans un pays en développement.

À l'époque où la société entre tambour battant dans l'ère de l'information et de la communication, cette hécatombe fait l'effet d'un séisme, tant par son ampleur que par la cécité de l'appareil administratif et politique. Personne n'a rien vu venir. Ou trop tard. Les signes avant-coureurs du désastre existaient pourtant bel et bien. Ils ne seront révélés que quatre ans après la catastrophe, dans une étude scientifique. En juin et juillet, de fugaces vagues de chaleur avaient déjà fait bondir la mortalité. Ni vu ni connu. À tel point qu'août débute dans l'insouciance des étés heureux. Les villes se vident, les plages sont bondées, la France tourne au ralenti. Le soleil et la chaleur sont au rendez-vous et c'est une excellente nouvelle pour le tourisme et les vacanciers.

Ces journées torrides apportent un vent d'exotisme joyeux et surprenant. Personne ne s'inquiète des conséquences sanitaires de la canicule, qui étend jour après jour son emprise sur le pays.

Au tout début de la vague de chaleur, *Le Parisien* titre : « Les médecins tirent la sonnette d'alarme ». Mais sous le titre inquiet, le propos se veut rassurant : « Bonne nouvelle cependant, les Français semblent peu à peu s'habituer à la chaleur et prendre davantage de précautions », conclut le journaliste. Même pour les pompiers, il n'y a pas le feu. « Nous étions confrontés à davantage de malaises au début de la canicule, mi-juin », explique un commandant des pompiers de Paris. La France peut bronzer tranquille. Alors que les températures grimpent, le pays s'enfonce dans la léthargie.

Si enclins habituellement à se plaindre du mauvais temps, les Français, abattus par la chaleur, en viennent à rechercher la moindre brise. Climatiseurs et ventilateurs sont partout en rupture de stock. En ville, les magasins, les cinémas, les restaurants, les musées, les taxis climatisés sont autant d'oasis. Les boutiques qui disposent de l'air conditionné ne manquent pas de le signaler. « Magasin climatisé » vaut tous les slogans pour attirer le chaland. Sans intention d'achat, on déambule dans les supermarchés aux rayons frais pour échapper quelques minutes à l'accablante touffeur de la rue. On fait le tour du pâté de maison en voiture, la clim' à fond, histoire de se rafraîchir les idées. Même les églises, qui ont conservé un brin de fraîcheur, se transforment en asile pour passants en surchauffe. On y prie peut-être pour le retour de la pluie.

Dans les entreprises où fonctionne l'air conditionné, les salariés restés sur le pont en août se verraient bien passer la nuit au bureau. Les oubliés de la clim', eux, étouffent. Ils déambulent hagards dans les bureaux, pieds nus, dans des tenues qui frisent l'indécence. Certains locaux sont de vraies fournaises, la température y dépasse allègrement les 40 °C. Excédés, des postiers parisiens se mettent en grève. La direction n'a que des demi-bouteilles d'eau à leur proposer pour étancher leur mécontentement. Dans les bus de la RATP, les conducteurs, la chemise grande ouverte, le pantalon remonté jusqu'aux genoux, une bouteille d'eau à leurs pieds, maudissent ce soleil de plomb et la direction qui n'autorise pas le port du short. Ceux de Besançon se mettent en grève pour réclamer l'air conditionné dans leurs véhicules et, pour eux, des bermudas et des lunettes de soleil. À la Bibliothèque François-Mitterrand, la machinerie d'air conditionné tombe en panne et les salariés sont autorisés à quitter plus tôt leur poste de travail. D'autres administrations aménagent aussi les horaires afin de profiter du semblant de fraîcheur matinale. Les dégâts de la chaleur se font déjà sentir. Plusieurs milliers de maisons, construites sur des sols argileux, se lézardent, se fissurent et se gondolent du sol au plafond. Au musée de l'École vétérinaire de Maisons-Alfort, les « Écorchés » du XVIIIe siècle commencent à fondre.

Mais tout cela reste, j'en conviens, purement anecdotique. Le fléau de cette canicule est ailleurs : les priorités sont inversées ! Les incendies hors de contrôle dans le Sud-Est, la sécheresse qui alarme les agriculteurs, les menaces sur la production électrique ou les dysfonctionnements du trafic ferroviaire sous l'effet de la chaleur sont les principales préoccupations des pouvoirs publics. La préservation des infrastructures et la bonne marche de l'économie passent inconsciemment, dans une société vouée à la technique, avant la santé des hommes. Dans les bureaux à moitié déserts des administrations, les premières informations éparses évoquant des décès dus à la canicule sont traitées sans affolement. Personne ne comprend encore la gravité de la situation. Au cœur de la vague de chaleur, la Direction générale de la Santé publie un simple communiqué au ton lénifiant. Il recommande de boire de l'eau et de porter un chapeau. Pas de quoi s'alarmer. « Son contenu est affligeant », reconnaîtra après coup la commission d'enquête parlementaire. On ne pense même pas à s'inspirer de l'exemple du gouvernement grec qui, lors d'une précédente vague de chaleur, avait judicieusement décidé de laisser ouverts la nuit les lieux publics climatisés. La chaleur semble anesthésier toute initiative.

Au même moment, la préfecture de police de Paris donne consigne aux sapeurs-pompiers de ne pas diffuser d'information alarmante et de ne pas communiquer le nombre de morts. Il faut s'en tenir à des conseils de prévention et des messages rassurants pour ne pas créer d'effet de panique. « Oui, j'ai eu quelques échos, mais je me préoccupe plus de la situation de la légionellose à Montpellier », répond un responsable du ministère de la Santé à un journaliste qui lui fait remarquer que « ça semble très grave ». Aucun système de veille sanitaire et d'alerte n'est mis en place. Mal informée, prise de court et désorganisée, incapable de faire face à une situation inattendue et inédite, qui plus est sans véritable autorité aux commandes, la machine administrative de l'État plonge dans une sorte d'inconscience avancée. « Situation maîtrisée », pour le ministère de la Santé. « Pas de problème dans les hôpitaux », pour la préfecture de police. « Morts naturelles », pour la Direction générale de la Santé. Sur le terrain, un vent de panique souffle pourtant. Samu, urgences, pompiers, pompes funèbres sont débordés. « La situation est globalement très préoccupante », s'alarment finalement les Hôpitaux de Paris.

La France sort brutalement de sa léthargie estivale le lundi 11 août. La veille au soir, alors que France 2 ouvre son journal télévisé par un reportage sur la fête altermondialiste réunie sur le plateau du Larzac, TF1 commence le sien par un appel au secours : « Nous sommes confrontés à une véritable hécatombe », s'émeut, face à la caméra, l'urgentiste et syndicaliste Patrick Pelloux. Il annonce que 50 personnes sont décédées au cours des derniers jours. Un chiffre qui se révélera bien en dessous de la réalité, mais qui constitue déjà un véritable choc. Dans les kiosques, « La canicule tourne au drame » titre en une *Le Parisien*, en écho au *Figaro* qui proclame : « La canicule tue en France ». « Nous sommes face à un drame humain, une hécatombe sans doute jamais vue en France. Et pourtant règne l'impression de silence radio. Cela me donne envie de hurler ! » s'indigne un professeur de médecine. « Qu'est-ce qu'ils foutent à la Direction générale de la Santé ? Ils se moquent de qui ? » s'emporte Pelloux. La canicule est entrée tardivement dans l'arène médiatique. Elle n'en ressortira pas de sitôt.

La crise sanitaire atteint alors son pic. Le nombre de décès quotidien est deux fois et demie supérieur à la normale. Aux abonnés absents, depuis le début de la vague de chaleur, le gouvernement est soudain poussé à monter sur la scène. Mais, perdus et mal informés, les ministres ne perçoivent toujours pas l'ampleur du drame qui se joue. Leurs interventions maladroites ajoutent au désastre un zeste d'indécence et transforment la crise sanitaire en crise politique. Le ministre de la Santé, Jean-François Mattei, est le premier à sortir de l'ombre. Dans une tenue décontractée, sciemment choisie pour apaiser les inquiétudes des Français, le ministre se contente d'annoncer la création d'un numéro vert. « Les difficultés rencontrées sont comparables aux années antérieures », rassure-t-il, tout à fait détendu, depuis sa villa du Var. La scène est surréaliste. Les services d'urgences des hôpitaux sont à bout de souffle, les funérariums sont combles, les directeurs de maisons de retraite appellent à l'aide. Mais, pour le ministre : circulez, « il n'existe pas d'engorgement massif des urgences ».

L'inertie de l'État est criante, sa défaillance totale. Hubert Falco, secrétaire d'État aux Personnes âgées, y ajoute le cynisme : « Le gouvernement n'est pas responsable de la pluie et du beau temps, il n'a pas la faculté de faire varier la météo. » « Je n'ai rien pour réfrigérer ou refroidir le peuple », dira plus tard, avec une morgue d'Ancien Régime, un député de la majorité. Jusqu'à l'issue de la crise, le gouvernement, tel un coureur cycliste qui a laissé partir l'échappée, continue de pédaler à contretemps. « Le pape prie pour la pluie, la ministre de l'Industrie en appelle au civisme et Raffarin prolonge sa sieste », ironise *Libération*. Des Alpes, où il est en vacances, le Premier ministre prend enfin conscience de la gravité de la situation. Tard, trop tard. Il décide de déclencher le « plan blanc », destiné à faire face à l'afflux de victimes dans les hôpitaux, alors que le coup de chaleur touche à sa fin et que les températures piquent du nez. Fidèle à son attentisme, il appelle immédiatement à « la prudence » quand les Pompes funèbres générales annoncent, le 20 août, plus de 13 500 morts supplémentaires en France pour le seul mois d'août. Le camouflet est total : c'est une entreprise privée qui, la première, donne une estimation réaliste de l'ampleur d'un drame public.

En rentrant de vacances, le gouvernement et les Français, ahuris et horrifiés, découvrent les séquelles meurtrières de la vague de chaleur. Les plus âgés et les plus faibles, pris au piège de la canicule, sont tombés comme des mouches. Les « journées de braise », comme les appelle alors un rapport parlementaire, ont tué les plus fragiles, « frappés d'hyperthermie dans la solitude de leur domicile surchauffé ou dans les maisons de retraite excessivement vitrées et transformées en serres, accueillis souvent dans un état désespéré par des services d'urgence débordés ». L'Île-de-France et le Centre sont les épicentres de la catastrophe. L'hôpital d'Orléans est obligé de rouvrir les chambres froides de ses anciennes cuisines pour entreposer les corps. Le 12 août, alors que le gouvernement et l'administration sont toujours plongés dans la torpeur, le nombre de décès en Île-de-France est multiplié par six par rapport aux années précédentes !

Les effets dévastateurs de la canicule semblent avoir atteint leur paroxysme dans la capitale. La cité est une « bulle de chaleur » géante. Sous les toits de zinc, transformés en plaques chauffantes, on cuit à petit feu. Dans toute la ville, les nuits n'apportent plus aucune fraîcheur. Elles sont aussi chaudes qu'une journée d'été moyenne. C'est le phénomène, bien connu en météorologie, « d'îlot de chaleur urbain » : à la nuit tombée, le bitume des rues et les pierres des immeubles fonctionnent comme des radiateurs et restituent la chaleur emmagasinée pendant la journée. Ainsi, la température ne redescend plus en dessous de 25 °C, n'offrant aucun repos aux habitants exténués. Dans le même temps, la pollution à l'ozone franchit les seuils d'alerte. La mortalité a triplé entre le 1er et le 20 août. L'Institut médico-légal ne peut plus faire face. Les défunts attendent plusieurs jours à leur domicile ou dans leur chambre d'hôtel, en état de décomposition avancée, qu'on les évacue. La mairie de Paris doit louer un entrepôt frigorifique sur le marché de Rungis et une dizaine de camions réfrigérés, qui stationnent sur un parking d'Ivry-sur-Seine sous la surveillance des forces de l'ordre. Des centaines de corps sont ainsi entreposés dans ces morgues provisoires. Parmi eux, des victimes dont personne n'a encore réclamé les dépouilles, ni ne s'est enquis de la disparition.

Le drame prend l'allure d'une farce macabre. La mairie de Paris lance un avis de recherche pour retrouver les familles des victimes de la canicule. Le délai légal de six jours pour l'inhumation est porté à dix. Une cellule de vingt fonctionnaires est spécialement mobilisée pour mener l'enquête. En désespoir de cause, la mairie fait paraître, début septembre, la liste des dernières victimes « non réclamées » dans un quotidien. Le lendemain, au cimetière intercommunal de Thiais, le président de la République et le maire de Paris assistent à l'inhumation de 57 Parisiens dans le quartier réservé aux indigents. Ce sont « les oubliés de la canicule ». Critiqué avec véhémence pour son silence durant la crise – lui qui, habituellement, est si prompt à manifester en toutes circonstances son empathie – Jacques Chirac tente, par sa présence, de sauver la face du pouvoir politique. De son côté, le Premier ministre Jean-Pierre Raffarin essaie de reprendre l'initiative. Il suggère de dédier un jour férié à ce sinistre épisode, transformé en « journée de solidarité nationale » destinée à financer l'aide aux personnes âgées.

Pas de quoi occulter le sentiment d'un immense fiasco et d'une faillite du pouvoir politique, incapable de gérer l'inattendu. Un inattendu pas si imprévu que cela finalement, puisque Météo France avait clairement annoncé une « nouvelle vague de chaleur », puis précisé que « l'air très chaud qui [s'était] installé sur la France se maintiendrait durant les sept prochains jours ». « Nous n'avons rien su ! » prétend pourtant, avec un aplomb qui ne masque

que la légèreté de la gestion politique de la crise, le ministre de la Santé. L'opposition, qui n'a rien vu venir non plus, demande des têtes. Le directeur général de la Santé démissionne. Le ministre s'abrite sous le parasol du père Ubu : « Je n'ai jamais songé à démissionner, bien au contraire. Je me suis senti investi d'un devoir d'agir, car [...] je sais à présent comment il faut faire pour empêcher que les choses ne se reproduisent. » Cependant, la polémique politique tourne court. Les premiers sondages éteignent les dernières velléités. Fatalistes, les Français rejettent en bloc toute récupération politique de la crise. Ne se sentent-ils pas d'ailleurs collectivement responsables de l'isolement des personnes âgées, premières victimes de la canicule ?

Quelques mois après le drame, le rapport d'information du Sénat constate : « Bref, plus que les hommes, c'est le système qui a révélé ses défaillances ! » Le système, la belle affaire ! Si la volonté évidente de ne pas désigner de coupables se cache derrière ce genre d'argument, il n'en reste pas moins que ce constat édifiant est révélateur de la complexité de nos sociétés modernes et de leur incapacité à gérer efficacement un risque imprévu. Une canicule meurtrière n'avait jamais été pensée par les politiques publiques de prévention ; ses conséquences, jamais prises en compte par l'administration sanitaire. Au XXIe siècle, c'était tout simplement de la science-fiction ! « Vous me demandez mon sentiment ?

Nous étions à mille lieues d'imaginer ce qui s'est passé », confiera plus tard le ministre de la Santé. Parce que le drame soudain échappe à tout scénario écrit, les acteurs sont perdus. Du ministre à l'officier de permanence, ils ne connaissent plus leur texte. Les informations à leurs yeux ne sont pas rationnelles, leurs décisions non plus. Ils agissent comme des robots hallucinés face à une situation non programmée. Incapables de bon sens et d'initiative. Le « système » ne l'autorise pas. Et c'est peut-être là le plus amer des constats.

2010 – Xynthia
Tempête dans un marigot

Sur le littoral vendéen, les inondations tournent au drame. L'occasion est belle de faire le procès du réchauffement climatique. Pourtant, tout porte à croire que, sans l'inconséquence des hommes, le pire aurait pu être évité.

La cause est entendue. Pour une très large majorité de Français, les tempêtes de ces dernières années ont un lien direct avec le réchauffement climatique. Des sondages l'ont mis en évidence. La succession de coups de vent fort et de tempêtes, qui ont ravagé des pans entiers du pays depuis la fin des années 1990, a suffi pour les en convaincre. Des jumeaux Lothar et Martin en 1999 à la cadette Xynthia en 2010, pas moins de six événements dramatiques ont provoqué la mort de près de 170 personnes sur le sol français et engendré de très lourds dégâts matériels. Pourtant, malgré cette « décennie noire », la communauté des météorologues reste prudente. Ce que résume le Commissariat général au développement durable : « Aucune tendance ne se dégage de façon très précise sur l'évolution des tempêtes. » Alors, comment expliquer cette distorsion entre l'opinion du grand public et celle des scientifiques ?

Elle n'est pas, à mon avis, le fruit du hasard. L'omniprésence, dans les médias et le débat politique, du changement climatique a fini par occulter, dans la conscience collective, la variabilité naturelle du climat et les risques qu'elle engendre. La météo n'a pourtant pas été créée pour surveiller un long fleuve tranquille. Et elle n'a pas attendu le réchauffement planétaire pour s'intéresser aux intempéries. Est-il besoin de rappeler que, de tout temps, il y eut des tempêtes qui défrayèrent la chronique ? Il y en eut qui envoyèrent par le fond un grand nombre de navires perses pendant les guerres médiques contre les Grecs, qui détruisirent la flotte romaine lors des guerres puniques, qui brisèrent les projets d'invasion de l'Angleterre par l'Invincible Armada espagnole. Bref, des tempêtes il y en eut, il y en a et il y en aura encore !

Le catastrophisme ambiant, annonçant l'avènement de temps troublés où les événements climatiques extrêmes deviendront notre lot quotidien, nous fait oublier le passé agité de l'atmosphère. Et les déclarations intempestives, les sous-entendus plus ou moins conscients qui évoquent le spectre du réchauffement de la planète au moindre soubresaut de la météo entretiennent la confusion dans l'opinion. Tout est bon pour lui imputer – et ce, sans aucune donnée scientifique à l'appui – non seulement le moindre changement de température, mais aussi l'apparition de nouveaux virus, l'érosion des côtes, les dégâts causés par les inondations... Et l'urbanisation, la pollution, la croissance démographique, l'augmentation des déplacements humains et des échanges commerciaux ? N'ont-ils pas eux aussi leur part de responsabilité ?

Désigner le changement climatique comme le responsable des tempêtes, c'est aller un peu vite en besogne. La furieuse Xynthia, qui a submergé les côtes vendéennes en février 2010, est là pour nous le rappeler, tant elle fut l'objet de bien des amalgames. Pressés par les médias obnubilés par le réchauffement climatique, les météorologues ont rapidement voulu clore le débat. Nous avons donc unanimement répondu que rien ne permettait de conclure à une augmentation de la fréquence des tempêtes. Je suis même allé personnellement sur le plateau du journal de TF1 pour l'expliquer. Malgré tout, il y a toujours quelques beaux esprits mal informés ou mal intentionnés pour instiller le doute. « La planète est déréglée. Cela va s'aggraver à l'avenir », prophétisent en substance ces apôtres de l'apocalypse. Et Xynthia en serait le signe avant-coureur : « Voyez la mer qui envahit les terres, voyez ces malheureux pris au piège, repentez-vous avant qu'il ne soit trop tard ! » Au-delà de l'indécence qui l'accompagne, cette exploitation du drame est scientifiquement erronée. Il ne s'agit pas pour moi de faire ici le jeu des climato-sceptiques. Mais de rappeler que les phénomènes météorologiques sont le résultat d'interactions complexes. Ils ne peuvent se réduire à un simple lien de cause à effet, dont le réchauffement climatique serait l'unique moteur !

Ni l'élévation des températures ni la montée des océans n'ont fait Xynthia. Pas plus qu'elles ne sont responsables de la forte mortalité liée à la catastrophe. Sur le littoral recouvert par les eaux de mer, le bilan humain est en effet lourd : 29 morts à La Faute-sur-Mer en Vendée et 12 en Charente-Maritime. Le procès qui a suivi a pointé du doigt l'inconséquence humaine et la perte de mémoire, autant collective qu'individuelle, du risque naturel. Le réchauffement climatique, quant à lui, n'était pas sur le banc des accusés ! Si l'ancien maire de La Faute-sur-Mer et son ancienne adjointe à l'urbanisme ont fait appel de leur condamnation à de la prison ferme, le verdict est lui sans appel. La catastrophe était annoncée. L'histoire de la bande de littoral vendéen la plus touchée par la tempête n'est que celle d'une lutte séculaire incessante entre les hommes et la mer. En bordure de l'océan, ces terres, livrées à l'insouciance balnéaire, ont été conquises de haute lutte sur les eaux.

À l'époque gallo-romaine, ce delta de la Sèvre charentaise n'était qu'un vaste golfe marécageux, duquel émergeait un chapelet d'îlots calcaires. Beaucoup de lieux du marais vendéen, situés aujourd'hui à plusieurs kilomètres de la côte, conservent la mémoire de ce passé maritime. Ne serait-ce que par leur toponymie, comme le village de L'Île-d'Elle. Au fil des siècles, l'œuvre des courants et du vent, relayée par le travail des hommes, a modifié en profondeur ce paysage de marécages. Le dépôt d'alluvions et de sédiments, puis la construction de canaux et de digues ont permis progressivement de repousser la mer et d'assécher les marais. La terre gagnée depuis le XVIIIe siècle couvre ainsi une superficie équivalente à la moitié de Paris. Ces « prises » forment une vaste plaine maritime, dont l'altitude avoisine celle des hautes mers. Depuis ces temps anciens, la colossale œuvre de fourmis, entreprise d'abord au XIIe siècle sous l'impulsion des abbayes voisines, avant que l'État ne prenne le relais, se heurte au travail de sape des éléments. C'est une conquête fragile. Les archives recèlent de tempêtes, où la mer brise voire déborde les digues et inonde les terres que les hommes lui ont patiemment arrachées. En quelques heures, tout le travail accompli pendant des décennies pour préserver le littoral peut partir à l'eau.

Dans le marais vendéen, l'affrontement avec la mer est une préoccupation constante, quasi obsessionnelle.

L'habitude dans les villages de faire sonner le tocsin pour alerter la population des intempéries le prouve. Une étude, commandée par les pouvoirs publics, fait état de « 81 événements météo-marins, identifiés dans les archives entre 1738 et 2010, qui ont occasionné des dommages ». Ce qui fait tout de même trois intempéries désastreuses par décennie. Tout ce pan du littoral vendéen ressemble à un champ de bataille, où la mer livre régulièrement des combats sporadiques. Leur intensité varie de la bénigne escarmouche à la furie d'une guerre éclair. Il n'est pas besoin de remonter très loin dans le temps pour en trouver la trace. Le XXe siècle abonde en calamités. À chaque tempête qui accompagne les grandes marées, la mer cherche à reprendre le terrain perdu. Elle grignote les dunes, creuse des trouées dans les digues, ravive les inquiétudes des pouvoirs publics et oblige à entreprendre d'autres travaux pour consolider les ouvrages défensifs existants ou en édifier de nouveaux. Puis, la tempête suivante porte sa fureur sur un autre point.

Construit sur une bande de sable côtière, le village de La Faute-sur-Mer, épicentre du drame lors du passage de Xynthia, a été de très nombreuses fois touché par les assauts des tempêtes. Au moins quatre inondations de grande ampleur ont frappé la commune au XXe siècle. Et ce, sans compter les multiples dommages mineurs subis par les digues et les reculs occasionnels de la ligne de côte. En mars 1928, *Le Petit Parisien* évoque « un village de la Vendée menacé par les eaux de l'Océan : la population improvise des travaux de défense ». En quelques heures, une violente tempête a rongé le cordon de dune et créé une très longue brèche dans la digue de protection. De vastes étendues de terre sont envahies par les eaux salées. Les récoltes sont anéanties. La chaussée est submergée et La Faute menace de se retrouver isolée du continent. Une course contre la montre s'engage alors. En toute hâte, pour parer au danger, la population se met au travail. Une digue en sable recouvert d'argile est construite le long de la mer.

« L'angoisse étreint tous les cultivateurs qui se demandent si les levées de terre [...] résisteront à la poussée des eaux pendant les fortes marées de vendredi et samedi prochains. Dans la négative, le désastre serait incalculable, le village de La Faute lui-même serait menacé », rapporte *L'Ouest-Éclair*. Mais, trois jours plus tard, aux grandes marées, tout est à refaire. La mer creuse de nouvelles trouées et poursuit sa progression à travers les champs. Le village est miraculeusement sauf. Coupé du monde mais sauf. Au détour d'un virage, la route qui mène à La Faute disparaît sous les eaux. Une véritable mer intérieure couvre des dizaines d'hectares. Les cultivateurs passent en canot devant les mouettes posées sur la surface et pleurent leurs récoltes perdues.

« Mon beau-père avait toujours prévu, puisqu'on ne faisait rien pour défendre ce coin de la côte, qu'un jour la mer passerait et elle est passée », avoue, fataliste, une fermière. À l'automne, l'inquiétude ressurgit. Comme à chaque fois, les grandes marées mettent à mal les travaux entrepris et il s'en faut de peu que les terres soient de nouveau submergées. L'avenir paraît menaçant dans le marais.

Pendant l'entre-deux-guerres, chaque grande marée est une source d'angoisse. Le danger d'envahissement de la mer est permanent. Ministres, préfets, députés se rendent sur place pour examiner les risques de submersion du littoral. Tous les ans, les rapports de la préfecture mentionnent de nouveaux dégâts et la nécessité de travaux supplémentaires de défense contre les inondations. C'est un puits sans fin. Quand un pan de littoral est consolidé, un autre cède. Les finances publiques n'arrivent plus à suivre. Le département et l'État se renvoient la balle. Les syndicats des marais, en charge de la gestion des ouvrages, s'entre-déchirent en vaines querelles de clocher. Et à chaque nouvelle tempête, la population incrimine les services de l'État et du département, qui n'auraient rien fait de sérieux. Malgré sa récente digue de béton, La Faute-sur-Mer n'est pas à l'abri de nouveaux débordements. En 1937, une forte tempête balaie le littoral atlantique, causant d'importants dégâts un peu partout. À La Faute, on fait intervenir en urgence deux sections de tirailleurs tunisiens pour consolider l'ouvrage. La mer y a ouvert une brèche.

En novembre 1940, une nouvelle tempête frappe durement une large part du littoral français. Elle est qualifiée en Vendée de « raz de marée ». Des digues cèdent par dizaines, des milliers d'hectares de marais sont envahis par les eaux, les communications téléphoniques et routières sont coupées, des maisons sont inondées et de nombreux troupeaux périssent noyés. « J'ai vu une vague gigantesque accourir du large plus vite qu'un cheval, en même temps qu'un coup de vent comme je n'en avais jamais vu enlevait mes barges de foin qui pèsent plusieurs tonnes, comme des brins de paille. Moi-même j'ai dû m'accrocher pour ne pas être enlevé », raconte un témoin. Il a juste eu le temps de fuir, sans rien emporter, si ce n'est ses enfants dans ses bras. De l'eau jusqu'aux genoux, manquant d'être emporté par les vagues, il a échappé au pire. L'eau a pénétré sur plusieurs kilomètres à l'intérieur des terres. À La Faute-sur-Mer, cette fois les digues tiennent bon, mais elles sont submergées par les eaux. À la demande du préfet, les autorités allemandes envoient des prisonniers français pour effectuer les travaux de première urgence. Quelques mois plus tard, les digues consolidées sont de nouveau malmenées par une autre tempête et les terrains inondés de plus belle.

De tout temps, les submersions des terres par les eaux salées ont marqué le littoral du sud de la Vendée. À l'automne 1999, une digue cède encore à L'Aiguillon-sur-Mer, commune voisine de La Faute-sur-Mer. La répétition de ce type d'événements met ainsi à mal l'idée, tant d'un phénomène climatique imprévisible, que d'une manifestation du réchauffement climatique. C'est même peut-être parce que les submersions importantes s'étaient raréfiées depuis 1950, par rapport à la première moitié du XXe siècle, que l'entretien des digues – souvent vétustes – s'est relâché et que la conscience collective du risque s'est étiolée. Le maire de La Faute-sur-Mer peut ainsi déclarer, sûr de lui, dans un reportage télévisé, deux ans avant la catastrophe : « De mémoire d'ancien, on n'a pas eu de gros problèmes au niveau des inondations. » Cette amnésie, aussi étonnante soit-elle pour quelqu'un qui a présidé aux destinées de la commune pendant vingt-cinq ans et qui a été à de multiples reprises appelé à la prudence par les services de l'État, a son corollaire : la poursuite du développement de la ville, à grand renfort de projets immobiliers.

Ainsi, le petit village, qui ne compte que 200 habitations lors de l'inondation de 1928, mais cède déjà à la mode naissante des bains de mer, s'est transformé en une station balnéaire d'importance. Composée essentiellement de résidences secondaires, la petite commune qui dénombre moins de 1 000 habitants peut accueillir plus de 20 000 personnes l'été ! L'urbanisation s'est accélérée au cours des dernières décennies. Le parc immobilier de La Faute-sur-Mer a plus que doublé depuis 1975. Cette « soif de construire », comme l'a décrit la Cour des comptes, ne semble plus avoir de limites. Au fur et à mesure, des villas sont bâties sur des terrains de plus en plus vulnérables. Il n'est d'ailleurs guère surprenant que les lotissements qui ont payé le plus lourd tribut lors du passage de Xynthia soient situés dans une cuvette, quasiment à l'emplacement des zones inondées en 1928. Cette similitude témoigne tant de la perte de mémoire collective, certes chez une population de vacanciers et de retraités rarement originaires de la région, que de la pression foncière, qui pousse à minimiser les risques, quand il ne s'agit pas tout simplement de les nier. Mais le charme et la proximité immédiate de la mer n'encouragent-ils pas à braver tous les dangers ?

Ce pouvoir d'attraction du littoral n'est pas un phénomène local. Un peu partout, sur les côtes françaises, on a beaucoup construit, soumettant un nombre croissant d'habitants aux risques d'inondation. Plus de 1 500 maisons ont été condamnées à la destruction après Xynthia. Un quart de La Faute-sur-Mer sera rasé. Cette urbanisation en dépit du bon sens a largement aggravé les conséquences de cette tempête qui n'avait rien d'exceptionnel. Les rafales ont même été moins puissantes que lors des tempêtes de 1999 et de 2009. Seule la conjonction d'un gonflement de l'océan, d'un vent fort et d'une houle puissante avec une marée haute de fort coefficient l'était. C'est cela qui a décuplé la force dévastatrice de la tempête. C'est ce qui explique la violence des assauts de la mer sur les côtes vendéennes et charentaises, provoquant des ruptures de digues et des submersions. Ce risque était connu. Tout comme l'était la vulnérabilité du littoral vendéen, et tout particulièrement celui de La Faute-sur-Mer. Mais malgré l'alerte météorologique relayée auprès des autorités locales, la population de la commune n'a pas été prévenue en 2010. Aucune forme de vigilance ni de surveillance n'a été mise en place la nuit de la tempête. Cette négligence, dans une société qui a érigé le principe de précaution en norme, n'en finit pas de m'étonner.

Toutes les conditions sont alors réunies pour faire de Xynthia un drame. En pleine nuit, les habitants de La Faute sont surpris dans leur sommeil par la brusque montée des eaux glacées et se retrouvent pris au piège. La puissance dévastatrice de la mer est terrible. Des voitures sont emportées comme des fétus de paille. Les lignes électriques sont coupées. Les baies vitrées, les cloisons intérieures, les plafonds des maisons éclatent sous la pression des eaux. À l'intérieur, meubles et habitants sont secoués comme dans une machine à laver. Certaines des victimes tentent sans succès d'échapper à la furie des flots, allant jusqu'à s'habiller chaudement dans l'obscurité pour attendre les secours qui ne viendront pas. Les unes, paniquées, font le 18. Plusieurs dizaines d'appels sont recensés au cœur du drame. Des personnes parfois en pleurs crient et réclament de l'aide aux opérateurs des pompiers qui ne savent quoi répondre, si ce n'est rassurer en disant que la marée va descendre ou que les sauveteurs vont arriver. D'autres luttent jusqu'à l'épuisement pour casser le plafond de leur chambre ou s'accrocher à un appui précaire.

Le bilan humain est lourd, terriblement lourd. Il faudra plusieurs jours pour l'établir : 29 décès, 47 blessés et 767 personnes sinistrées qu'il a fallu évacuer. Les très riches rapports et le procès qui ont suivi ont uniquement mis en évidence l'inconséquence des hommes face au risque naturel. Sans pour autant les dédouaner de leur responsabilité. Or, s'il y a bien une leçon à en tirer, c'est que la nature nous impose l'humilité, car c'est elle la plus forte. En tant que météorologue, je le sais mieux que quiconque : elle ne respecte pas nos règles d'urbanisme ou nos rêves de retraite au soleil, même si nous y avons englouti toutes nos économies. Une récolte peut être ravagée en quelques secondes par la grêle. Une maison peut être soufflée par une tornade. Respecter la nature, c'est d'abord en comprendre la violence. C'est ce qui me révolte le plus dans le drame de Xynthia, car des alertes ont été émises. Mais pourquoi n'en a-t-on pas tenu compte ? Pas seulement parce que le maire ne les a pas relayées, mais parce que pas un habitant n'a pris au sérieux le danger.

Comme si la mer n'était qu'une carte postale, alors que c'est un univers souvent hostile. C'est notre perception de la nature qui s'est dénaturée. Le rapport aux éléments n'est plus le même. Il s'est émoussé. Le bord de mer, comme la campagne, est devenu uniquement le théâtre de notre épanouissement personnel, l'objet de nos désirs de vacanciers ou de retraités. L'attention que portaient les paysans ou les marins à ses manifestations a été remplacée par l'indifférence, ou pire, l'imprudence. A-t-on oublié qu'aimer la mer, c'est d'abord en saisir le danger ? Pour un marin, c'est une évidence. N'importe quel pêcheur ou skipper vous le dira. J'ai fait beaucoup de voile avec Florence Arthaud, elle ne cessait de le répéter.

Très jeune, j'en ai pris conscience. Plusieurs fois, à l'occasion des nombreux déménagements de mon père militaire, j'ai vécu au bord de l'eau. Je me souviens même être allé à l'école en petit bateau. Puis, je suis devenu moniteur de voile pendant mes études. Au fil du temps et des traversées, j'ai appris à aimer la mer, et surtout à la respecter. Cela s'est fait tout naturellement, comme avec une compagne dont on est prêt, par amour, à pardonner le caractère irascible. Mais à

La Faute, on a tourné le dos à la mer. L'oubli des catastrophes passées, l'incapacité à tenir compte des alarmes, l'avidité spéculatrice au mépris des dangers, le désir déraisonné de s'offrir une vue sur mer, c'est tout cela qui a engendré la catastrophe. Et pas le réchauffement climatique. N'en déplaise aux Cassandre !

Épilogue

La météo est intimement liée à notre Histoire. Mais ce n'est pas seulement parce qu'elle influe sur le cours des grands événements, entraînant ici des révolutions ou là des revers inattendus sur les champs de bataille. La météo est bien plus qu'un simple aléa de l'Histoire. Au même titre que la langue, elle fait partie de notre identité commune.

Dans notre société où les luttes sociales, politiques et religieuses déchaînent les passions et accentuent les divisions, la météo est l'un des rares éléments qui nous relient encore les uns aux autres. Si l'on engage si facilement la conversation en croisant un voisin dans l'escalier ou en rendant visite à un commerçant, en évoquant le temps qu'il fait, ce n'est pas un hasard. La pluie et le soleil ne font pas de discrimination. Le défilé des saisons est le même pour tous. Riches ou pauvres, jeunes ou vieux, quelque soit l'origine de notre pays, nous endurons ou nous jouissons tous, sans distinction, des humeurs du temps. Ce qui force notre humilité et solidarité. Le réchauffement climatique en cours l'exige de nous. L'important n'est pas tant de démêler le poids de la responsabilité humaine dans la hausse des températures mais de prendre conscience que le climat, la pluie, les cyclones et les canicules font partie des impondérables de la vie terrestre.

Trêve d'orgueil : c'est à l'homme, comme il l'a toujours fait par le passé avec plus ou moins de bonheur et de réussite, ainsi qu'en atteste ce voyage à travers les siècles, de s'adapter au climat et à la météo et non l'inverse. C'est ainsi que l'humanité assurera sa survie et apprendra à prendre soin de cette Terre, à la fois bienveillante et hostile, sur laquelle elle n'est que de passage.

Bibliographie

Emmanuel Garnier, *Les Dérangements du temps : 500 ans de chaud et de froid en Europe*, Plon, 2010

Emmanuel Le Roy Ladurie, Daniel Rousseau, Anouchka Vazak, *Les Fluctuations du climat de l'an mil à aujourd'hui*, Fayard, 2011

Emmanuel Le Roy Ladurie, *Histoire humaine et comparée du climat*, tome 3 : *1860-2008*, Fayard, 2009

Emmanuel Le Roy Ladurie, *Abrégé d'histoire du climat*, Fayard, 2007

Guillaume Séchet, *Y'a plus de saison ! : chronique des grandes variations climatiques et phénomènes extrêmes*, Aubanel, 2008

Guillaume Séchet, *Quel temps ! : chronique de la météo de 1900 à nos jours*, Hermé, 2004

Remerciements

À mon père, Louis Bodin
Lise Boëll
Christopher Baldelli
Nonce Paolini
Vianney Aubert (un grand merci)
Olivier Lebleu
Virginie Caminade
Damien Bergeret
Catherine Nayl
Noël Couedel
et Florence Arthaud

Table

Partie III. La politique s'en mêle

DU MÊME AUTEUR

Guide de voyage météo,
avec Bernard Thomasson,
éditions Odile Jacob, 2013

Comment prévoir sa météo ?
Plon, 2010

Composition Nord Compo
Impression CPI Bussière en octobre 2015
Éditions Albin Michel
22, rue Huyghens, 75014 Paris
www.albin-michel.fr

ISBN : 978-2-226-31893-0
N° d'édition : 21513/01 – N° d'impression : 2017712
Dépôt légal : novembre 2015
Imprimé en France